드림

4주의 기적
페이스북 마케팅

4주의 기적
페이스북 마케팅

초판 1쇄 발행 2017년 1월 10일
초판 2쇄 발행 2017년 3월 29일

지은이 이종근 외

발행인 장상진
발행처 (주)경향비피
등록번호 제 2012-000228호
등록일자 2012년 7월 2일

주소 서울시 영등포구 양평동 2가 37-1번지 동아프라임밸리 507-508호
전화 1644-5613 | **팩스** 02) 304-5613

ⓒ 이종근

ISBN 978-89-6952-146-0 03320

4주의 기적
페이스북 마케팅

이종근 외 **지음**

경향**BP**

4주의 기적, 마케팅 타임

사업가는 마케팅을 해야 할 의무가 있다. 사업은 마케팅을 통해서 완성되기 때문이다. 사업가에게 마케팅은 선택이 될 수 없다. 마케팅은 필수이자 의무이다.

인생길에는 생로병사가 있듯이 사업의 길에도 흥망성쇠가 있다. 사업의 흥망성쇠를 좌우하는 것은 마케팅이다. 사업가는 마케팅을 통해 사업을 흥하고 성하게 하여야 한다. 마케팅 전투 현장의 소상공인들에는 마케팅이 흥망성쇠를 결정한다.

마케팅 전투에서 승리한 소상공인은 대박을 누린다. 하지만 패배한 소상공인은 비참하다. 마케팅은 냉정하고 처절하다. 안타깝게도 대한민국에서 소상공인들이 하는 마케팅은 열악하기 그지없다. 오합지졸, 중구난방 그 자체이다.

대한민국 소상공인들이 하고 있는 마케팅에는 심각한 문제가 있다. 마케팅에 대한 체계적인 접근이 없기 때문이다. 마케팅 분야는 유행에 민감하다.

그런데도 비법 한 방을 배우러 다니고들 있다. "저거 하나면 다 되겠지!" 마케팅을 '금 나와라 뚝딱! 은 나와라 뚝딱!' 하는 도깨비방망이로 알고 있는 것이다.

한마디로 사업썩이나 하는 분들이 마케팅을 너무 모른다. 마케팅을 날로 드시려 한다. 마케팅의 세계에서 도깨비방망이는 절대 없다.

마케팅의 원료는 시간과 땀이다!
마케팅에 내 땀이 묻어야 한다!
마케팅에 내 노력이 스며들어야 한다!

필자는 '마케팅 타임'이라는 용어를 만들어 교육한다. 성공한 소상공인에게는 공통점이 있다. 그들은 아무리 일이 많고 바빠도 하루 24시간 중에서 적어도 1시간 이상은 무조건 사업을 위한 '마케팅 활동'을 한다. 사업에서 성공한 분들이 마케팅에서 성공한 비결은 바로 '마케팅 타임'을 가졌다는 것이다.

그래서 필자는 강의 시작 전이나 교육 과정 입학식에서 마케팅 타임 서약식을 하고 진행한다. 어떠한 마케팅이 대박을 만들어주는 것이 아니다. 어떠한 마케팅 비법 때문에 성공의 결과가 나온 것이 아니다. 마케팅에서 성공은 자신의 땀이 밴 열매일 뿐이다.

마케팅 교육 시장은 한 방을 찾는 소상공인들이 주요 표적이다. 특별한 비법을 찾는 소상공인들이 유혹에 가장 쉽게 넘어간다. 교육 시장의 최고 먹잇감은 소상공인들이다. 살아남기 위해 이곳저곳 마케팅 교육을 기웃거리는 소상공인들이 가장 쉬운 사냥감이다.

어떻게 보면 필자도 소상공인들을 교육으로 '사냥'하던 사람이다. 나 또한 먹고살기 위해 소상공인들을 먹잇감으로 유혹하여 사냥하였다. 페이스북 마케팅이라는 신종 미끼는 소상공인을 유혹하기에 최적이었다. 필자가 제조한 온갖 비법의 페이스북 마케팅 기법은 최고의 미끼였다. 소상공인 '대어'들이 줄줄이 낚여 들어왔다.

그때까지는 나름대로 소상공인들을 위한 교육을 한다고 자부했다. 필자가 개발한 페이스북 마케팅법이 소상공인들에게 도움이 되는 최고의 비법이라 믿었다.

그런데 어느 날 보니 그동안 마케팅을 배웠던 분들 중에 사업에 적용하는 분들은 소수였다. 그저 미끼에 입맛만 다시고 있었던 것이다. 그때야 알았다. 다들 한 방을 기대하고 있다는 것을.

대박이라는 홍시가 떨어지기를 입을 벌리고 주시하고 있었던 것이다. 나 역시 미끼를 물게 하는 수준밖에 안 되는 교육을 하고 있었다. 나는 그저 페이스북의 마케팅 마술에 취하게 하는 쇼를 하면서 나 혼자 신나 있었다.

필자는 감히 페이스북의 속내, 즉 페이스북의 인공지능 마케팅 시스템을 보았다. 페이스북에는 기존에 있었던 마케팅의 한계와 결함과 부족한 부분을 획기적으로 해결하는 정답이 있다. 페이스북 마케팅은 인공지능 시스템으로 돌아간다. 인류의 최고 발명품 중의 하나가 페이스북이라 해도 과언이 아니다. 페이스북은 마케팅의 혁명이다. 하지만 아무리 좋아도 무슨 소용이 있는가?

구슬이 서 말이라도 꿰어야 보배가 되듯이 강의는 강의일 뿐이었다. 페이스북 마케팅이 소상공인의 사업에 실제로 뼈가 되고 살이 되지 못한다면 아무 소용이 없다는 것을 알게 되었다.

　필자는 이러한 페이스북의 강한 기운이 소상공인들의 사업에 스며들어 노다지밭을 만드는 것을 보고 싶었다. 페이스북 마케팅으로 성공하는 사람들을 보고 싶었다. 그래서 소상공인을 위한 페이스북 마케팅 시스템을 새로 만들기 시작하였다.

　결국 '페마스쿨'이라는 소상공인을 위한 마케팅 교육 플랫폼을 만들었다. 그리고 수많은 실패와 시행착오를 겪으며 다듬고 다듬은 끝에 열매가 열렸다.

　1일 5시간 단발성, 일회성 교육을 주 3시간씩 4주로 이어서 하는 교육으로, 강의에서 실습으로, 교육에서 실전으로, 그리고 협업을 통한 마케팅 공동체로 조직화된 플랫폼을 만들었다. 나름대로는 결단이었고 도전이었다.

　그런데 1기 페마스쿨 학생을 모아놓고 보니 막막하였다. 마우스도 없는 분, 이제 막 노트북을 사온 분, 파일 복사하고 붙여넣기도 모르는 분, 2G폰을 사용하는 분……

　강의 위주로 교육할 때 전혀 보이지 않던 모습이 보였다. 이게 소상공인 마케팅의 현실이었다. 대부분의 수강생은 체계적인 마케팅 교육을 받아본 적이 없었다. 한 분 한 분을 세워주는 교육이 소상공인 마케팅 교육의 정답이다. 그래서 깜깜하지만, 짜증이 났지만 수강생 한 분 한 분 옆에 붙어서 가르쳤다.

　그랬더니 기적이 일어나기 시작하였다. 컴맹이 컴퓨터를 다루게 되고, 페이스북을 시작하게 되고, 페이스북 마케팅을 하게 되었다. 나중에는 페이스북 마케팅 전사들이 되었다. 그리고 현재 마케팅 전투에서 종횡무진하고 있다. 4주 만에 기적 같은 일들이 벌어졌다. 마케팅 현장에 기적이 일어난 것이다. 그래서 페마스쿨에 '4주의 기적!'이라는 말을 쓰기 시작했다.

마케팅은 집을 짓는 것과 같다. 터를 닦고 기둥을 세워야 한다. 마케팅의 목적은 마케팅의 집을 세우는 것이다. 마케팅은 치열한 전투이다. 그렇기 때문에 훈련되지 않으면 안 된다. 한 걸음 한 걸음 마케팅 전투로 진격하게 하는 마케팅 훈련이 정답이었다.

기적은 마케팅을 배우자마자 몇 배의 매출이 오르는 것이 아니다. 마케팅을 안 하던 분들이 마케팅을 하는 것이 기적이다. 마케팅을 못하던 분들이 마케팅을 잘하게 되는 것이 기적이다. 마케팅에서 헛발질하던 분들이 제 길을 찾아가는 것이 기적이다.

"이제야 마케팅을 하게 되었다."
"지금껏 마케팅에서 헛발질했다."
"이제 마케팅에 제 길을 찾았다."
는 이야기를 들을 때 교육자로서 짜릿한 보람을 느꼈다.

페마스쿨 현장에서 엄청난 보물들을 발견하였다. 페이스북을 통한 마케팅 에너지들이 사업들을 변화시키는 요소가 되는 것을 보았다. 사업을 변화시키는 마케팅 파워를 보았다. 많은 소상공인이 이 페이스북의 마케팅 파워를 경험하기를 바라며, 이 모든 것을 페마스쿨의 4주 과정에 녹여 담았다.

누구나 이 책을 보고 실습하면 마케팅 체계가 잡히고, 마케팅 습관이 들어 사업에 적용할 수 있다. 단순히 읽고 끝내는 것이 아니라 실습을 통해 마케터가 되고, 마케팅 체질이 될 수 있다.

부디
그냥 묵묵히 따라 하시라!
마케팅의 기적이 지금부터 일어날 것이다.
바로 '마케팅 타임'의 그 기적 말이다.

페마스쿨 수업 모습

차례

제2장

실전 페이스북 마케팅을 배우자

1주 차 – 페이스북 가입부터 '감' 익히기까지

2주 차 – 그룹 운영부터 광고까지

◆ ◆ ◆

마케팅의 원료는 시간과 땀이다!

마케팅에 내 땀이 묻어야 한다!

마케팅에 내 노력이 스며들어야 한다!

제1장

대한민국 인기 마케팅
강의에 속지 마라

마케팅에서 절대로 따라 하지 말아야 할 5가지

대한민국은 마케팅 공화국이다. 하지만 오합지졸, 중구난방 마케팅 공화국이다. 대한민국 소상공인들의 마케팅 현실은 암담하기 그지없다. 한 사람 한 사람을 마케터가 되게 하는 체계적인 교육 과정이 없다.

대한민국에서 진행되는 마케팅 강의를 분석해보면 유행 중심, 비법 중심, 사례 중심, 프로그램 중심, 스타 강사 중심의 마케팅이 대부분이다. 한마디로 자영업 마케터 중심의 마케팅법이 없다. 즉 마케팅 주체인 소상공인을 마케터로 키우고, 스스로 체계적으로 마케팅을 하게 하는 마케팅법을 가르쳐주지 않는다. 스타 강사 중심의 마케팅법만 몇 시간 동안 쏟아낸다. 필자도 나름 스타 강사로 그랬으니깐!

필자는 페마스쿨을 직접 운영하면서 사고를 전환했다. 사업자를 마케터로 키우는, 사업자 스스로 마케팅을 실행하게 만드는 방법이 최고의 마케팅 교육이라는 것을 발견하였다.

하지만 이런 마케터를 만드는 여정을 가게 되면 강사로서 돌팔매를 맞기도 한다. 수강생들은 바로 성과가 나오지 않는 것을 견디지 못하기 때문이다. 아니 하루 이틀 사업한 것도 아니고, 하루 이틀 사업할 것도 아닌데 너무 성급하지 않는가! 마케팅에서 절대로 따라 해서는 안 되는 다음 5가지를 명심해야 한다.

1. 기초에서만 맴돌지 마라

SNS 마케팅 종류가 많아지다 보니 대부분 교육을 보면 회원 가입하고 기초 사용법만 배우다 끝이 난다. 기초 수준에서만 뺑뺑 돌고 있다. 마케팅 입구에서만 서성거리는 것이다.

마케팅 교육자는 기초와 이론이 아닌 실전 마케팅을 만들어 보급해야 할 의무가 있다. 실제 사업에서 부딪쳐보고 실패도 해보고 성공도 해본 내용으로 교육해야 한다.

또한 소상공인들은 기초 수준에만 머무르지 말고 부단히 연습하고 익혀 실전 마케팅으로 진입해야 한다. 마케팅을 가지고 씨름을 해야 한다. 사업가라면 적어도 마케팅으로 활용하는 툴에 대해서는 어느 정도 기본기는 갖추어야 한다.

2. 신기루 사례에서 깨어나라

누가 이 마케팅으로 얼마 벌었다. 당신도 이 마케팅만 하면 저 사람만큼 벌 수 있다. 귀가 가장 솔깃해지는 말들이다. 대부분 이런 신기루 같은 사례에 취해버린다. 그리고 그 몽상에 빠져 있다. 그러나 그 사례를 만들기 위해

그 사람이 흘린 남모르는 눈물과 땀에는 관심이 없다. 내가 그 사례가 되기 위한 가시밭길 로드맵을 그려야 한다. 내가 흘릴 땀의 양을 각오해야 한다.

3. 무슨 비법에 혹하지 마라

가장 많이 배우는 것이 무슨 마케팅 비법이다. 그거 하나만 배우면 대박이 될 것이라는 기대감 때문이다. 그러나 실은 마케팅에 비법은 없다. 지름길도 없다. 마케팅에 뚝딱 한마디로 대박을 만드는 도깨비방망이는 없는 것이다. 마케팅은 꾸준함에서 나온다. 마케팅의 효과는 내 노력의 양에 비례한다. 마케팅은 내 땀과 시간과 비례한다. 단지 내 사업에 적용한 나의 마케팅법이 있을 뿐이다.

4. 유행에 졸졸 따라다니지 마라

마케팅은 대세에 민감하다. 사업가들 역시 마케팅 유행에 따라 방법을 너무 자주 갈아탄다. 한 가지 마케팅에 안주하지 못한다. 그렇다 보니 꾸준한 나의 마케팅법이 없다. 마케팅은 시대와 무관하다. 마케팅은 새로운 것과 관계가 없다. 일관되고 꾸준한 내 사업의 마케팅법을 만들어야 한다.

5. 자동 프로그램에 절대 다 걸지 마라

온라인 마케팅, 특히 N사 마케팅은 프로그램 능력에 좌우된다고 해도 과언이 아니다. 블로그 순위, 모바일 통합 검색 순위, 지도 순위…… 이 모두가 공정한 경쟁이 아닌 프로그램 트래픽의 양에 좌우된다. 필자는 옳다 그르다는 말은 하지 않겠다. 단지 우려하고 진짜 나쁘다고 평가하는 것은 그 프로그램에 대한 의존이 사업자가 마케터가 되는 것을 망치기 때문이다.

사업자들은 단순히 프로그램을 사서 돌리거나 강력한 프로그램을 가진 대행사에 맡기면 된다고 생각한다. 프로그램에 의존하는 순간 마케터가 들어설 자리는 없다. 내 마케팅은 프로그램이 아니라 내가 해야 된다.

2016년 전반기에 있었던 사상 초유의 N사 사태는 마케팅은 프로그램이 아니라 사업자가 마케터가 되어야 함을 경고해주었다. 앞으로 마케팅을 하는 사업가만이 공정한 경쟁에서 살아남을 것이다.

결론으로 사업자는 마케팅에 대한 기존의 접근 방식을 버려야 한다. 사업자는 스스로 마케터가 되어 자기 사업에 맞는 마케팅을 세팅하여야 한다. 즉 마케터가 되어야 살아남는다.

페이스북 ○○○ 마케팅이 정답이다

가장 강력한 광고는 누가 뭐래도 TV 광고이다. TV에 한 번 노출되면 매출이 뛰어오른다. 그래서 TV 광고는 대기업들의 전유물이 될 수밖에 없다. 일반 소상공인들은 꿈도 못 꾼다. 그래서 일반 소상공인들이 매달릴 수밖에 없는 것이 블로그 바이럴 마케팅이었다. 하지만 최근에 일어난 네이버 블로그 정책 변화는 사업자들에게 멘붕을 가져오는 결과를 초래했다.

블로그 마케팅에 의존했던 사업자들은 매출 감소로 하소연하고 있다. 포스트 네이버, 네이버 이후 마케팅 대안 찾기에 혈안이 되어 있다. 이제 최고의 마케팅 수단으로서의 네이버에 대한 신뢰가 무너졌다고 봐야 할 것이다. 이러한 마케팅 환경에서 페이스북이 일반 소상공인들의 마케팅 대안으로 떠오르고 있다.

페이스북 마케팅이 중요한 이유는 전세계 17억 명 유저 때문도, 요즘 페이스북 마케팅이 대세이기 때문도 아니다. 그리고 많은 성공 사례 때문도 아니다.

페이스북에는 강력한 인공지능 마케팅 시스템이 있다. 단순히 페이스북은 SNS로서의 기능에 머무르는 것이 아니라 비즈니스를 위한 BNS (Business Network System) 체계를 구축해 나가고 있다. 강력한 경쟁자였던 트위터가 사라져 가는 이유는 단순히 140자의 SNS로 만족하였기 때문이다. 종달새의 종알거림이 난무하다 보니 기업들이 비즈니스할 수 있는 놀이터를 만들어주지 못하였기 때문이다.

반면 페이스북은 SNS 즉 사람들의 놀이 공간으로 만족하지 않고, 기업들의 무대를 꾸준하게 만들어왔다. 페이스북은 사람과 기업이 만나는 장을 창조하였다. 그러면서도 페이스북은 SNS와 BNS의 경계를 적절하게 조절하고 있다. 말하기 좋아하는 사람들은 페이스북이 광고가 많다고 한다. 모르는 소리이다. 페이스북은 '광고 종량제'를 사용한다. 무작위 광고가 홍수처럼 밀려들어 가지 않는다. 하루에 개인에게 노출되는 광고가 제한되어 있다.

필자는 페이스북이 기업들을 위한 페이지를 론칭한 것을 '신의 한 수'라고 평가한다. 개인들의 놀이터 옆에 페이지라는 기업들의 놀이터를 세워주었다. 이제는 그룹의 판매 기능을 통해 마을 장터까지 열어주고 있다. 이것이 페이스북 비즈니스 플랫폼이다. 페이스북은 소상공인들에게 최적화된 마케팅 툴이다. 페이스북 마케팅은 대행이 필요 없다.

소상공인들이 자기 사업의 페이스북 마케팅을 직접 할 수 있다. 페이스북은 다양한 콘텐츠로 비즈니스할 수 있도록 한다. 이미지, GIF, 동영상, 링크 등 모든 콘텐츠를 담고 표현할 수 있다.

또한 다양한 마케팅 환경을 제공해준다. 개인 계정으로부터 페이지, 그룹 그리고 광고에 이르기까지 다양한 전략으로 마케팅을 진행할 수 있다. 페이스북에 소상공인의 마케팅에 대한 답이 있다.

페이스북 마케팅의 4기둥이 있다. 프로필, 페이지, 그룹, 광고이다. 이 4종 세트는 마케팅적으로 노다지밭이다. 다양한 마케팅 전략을 구사할 수 있다.

프로필	페이지	그룹	광고
나 브랜딩 관계 신뢰 마케팅	기업 브랜딩 콘텐츠 마케팅	커뮤니티 쇼핑몰 마케팅	타깃팅 구매 전환 마케팅

소상공인들이 페이스북으로 노다지밭을 만들었으면 좋겠다. 이 페이스북 마케팅 4종 세트에 소상공인 마케팅의 답이 있다 해도 과언이 아니다.

페이스북 마케팅이 유리한 이유는 다음과 같다.

1. 타깃 마케팅

인류의 과학 문명은 급속도로 발전하고 있다. 하지만 마케팅 기술은 미개하기 그지없다. 인류의 과학 문명은 더욱 정밀해지지만 마케팅 기술은 정밀해지지 않았다.

필자는 마케팅 역사를 페이스북 이전 마케팅과 이후 마케팅으로 구분한다. 그 중심에는 '타깃 마케팅'이 있다. 페이스북 마케팅에 '타깃팅' 개념 도입은 마케팅 혁명의 서막을 알린다. 진정한 마케팅이 시작된 것이다.

소상공인들은 페이스북의 타깃 마케팅을 활용하여 홍보비를 절약하면서 매출을 올리는 전략을 구사할 수 있다. 소상공인들에게 절망적인 마케팅 방식은 불특정 다수에게 일방적으로 노출시키는 것이다. 일명 밑 빠진 독에 물 붓기가 아닐 수 없다. 소상공인들에게 불특정 다수 마케팅은 마케팅 자체를 포기하게 만든다.

대한민국 소상공인들이 사용하는 일반적인 마케팅 툴은 대부분 타깃팅 기반이 아니다. 그래서 신문, 라디오, TV 광고 등 물량적 광고가 기형적으로 성장했다. 상황이 이렇다 보니 마케팅 없이, 마케팅은 엄두도 못 내고 사업하는 사업가가 많다.

소상공인들에게는 페이스북의 타깃 마케팅이 답이다. 페이스북은 철저하게 타깃을 기반으로 한다. 페이스북 시스템은 지역, 나이, 성별, 관심사 등 기본 타깃팅 유전자를 보유하고 있다. 그리고 마케팅 4대 기둥인 개인 계정, 페이지, 그룹 그리고 광고에서 다양한 타깃팅 기법을 펼칠 수 있는 무대가 있다. 최근 페이스북이 GPS 기반 시스템으로 업그레이드하면서 실시간 위치 기반 타깃팅이 가능하게 되었다. 즉 지역 매장 사업자의 경우, 예를 들어 내 매장 중심 5km 내 20~30세 중에서 여성 타깃 10만 명에게 이벤트 광고를 진행할 수 있다.

2. 바이럴 마케팅

한동안 블로그 마케팅을 바이럴 마케팅으로 불렀다. 한때 블로그를 통한 입소문 마케팅이 대세였다. 바이럴 마케팅의 중심에는 파워 블로그와 리브라 블로그와 최적화 블로그가 자리 잡고 있다. 파워 블로거의 파워는 슈퍼 울트라급이 되었다. 파워 블로거의 포스팅 하나가 기업 운명을 좌지우지할 정도가 되었다. 그래서 이를 중심으로 모든 광고비가 쏟아질 수밖에 없는 것이다.

그러다 보니 블로그는 돈에 의한 왜곡된 바이럴 생산지가 되었다. 블로그 바이럴 상위 노출 전쟁은 프로그램 전쟁이 되어버렸다. 누가 더 강력한 프로그램을 구동하는가가 바이럴의 운명을 결정하게 되었다. 사실 블로그 영역, 모바일 상위 노출에서 공정 경쟁이라는 말은 무의미하다. 그런 의미에서 블로그의 바이럴 마케팅 효과는 진정성을 상실하게 되었다. 결국 주변의 많은 소상공인이 블로그 마케팅을 포기하는 것을 보았다.

페이스북은 액티브한 바이럴 효과가 있다. 페이스북의 마케팅 노출 시스템과 바이럴이 만나면 금상첨화이다. 페이스북의 주요 기능인 '좋아요, 댓글, 공유'에 기본적으로 노출하고 확산시키는 바이럴 시스템이 기본적으로 설계되어 있다.

필자는 페이지 포스팅 하나로 330만 명에게 노출된 기록이 있다. 너무나도 신기해서 페이스북의 노출 시스템을 연구한 적이 있다. 한마디로 페이스북은 기하급수적 확산 시스템이다. 그래서 페이스북 마케팅 교육을 할 때마다 포스팅 하나가 100만 명에게 터지면 한턱 쏴야 한다고 주문한다.

무엇보다 페이스북에는 액티브한 유저가 있다. 한마디로 손가락 병사들이다. 전 세계 17억 명의 손가락 병사, 대한민국 1,600만 명의 액티브한 손가락 병사가 있다. 이들은 블로그 구독자와는 달리 손가락으로 활동하는 유저들이다. 페이스북 유저의 손가락을 타고 바이럴의 파도가 일어난다. 페이스북 유저의 손가락을 타고 내 비즈니스와 고객이 연결된다. 유저들은 보수나 알바비를 받지 않고 마음을 따라 바이럴에 자발적으로 동참한다.

페이스북 마케팅은 유저의 마음을 움직이는 기술이다. 유저의 마음을 움직이고 손가락을 움직여야 내 바이럴 마케팅의 파도가 일어나는 것이다. 나는 한동안 페이스북 마케팅 프로그램을 제작한 적이 있었다. 하지만 지금은 마음을 비웠다. 프로그램이 먹히지 않는 곳이 페이스북이다. 가공도 조작도 어려운 곳이 페이스북이다. 페이스북에서 바이럴 마케팅에 도전하라. 페이스북에서 내 비즈니스의 입소문을 만들어야 한다.

3. 그래프 마케팅

소상공인 마케팅을 분석해보면 부분 마케팅, 조각 마케팅, 유행 마케팅으로 한 가지에 다 거는 마케팅을 하고 있다. 단순하게 이것이 마케팅에 효과가 있는가 없는가에만 관심이 있다. 효과가 없다고 판단되면 즉시 넌져버리고 뒤돌아보지 않는다. 그리고 새로운 마케팅 툴을 찾아 헤맨다.

마케팅에 대한 구조적인 접근이 필요하다. 대부분의 소상공인은 내 마케팅 툴에 대한 연결(그래프) 내지는 통합하여 하나의 마케팅 구조를 만드는 경험과 능력이 없다. 마케팅 툴만의 장점들을 상호 연결하여 시너지를 만들어야 한다. 나의 마케팅에 대한 전체적인 그림을 그려야 한다.

필자가 페이스북 마케팅을 연구하면서 찾은 보물이 있다. 바로 그래프이다. 이 말은 연결하고 통합한다는 페이스북의 비전이고 정신이다. 그래프를 마케팅에 적용해보았더니 온라인 마케팅과 SNS 마케팅, 그리고 오프라인 마케팅을 연결하고 통합하여 기가 막힌 마케팅 구조를 만들어 활용할 수 있었다.

4. 협업 마케팅

대부분의 소상공인이 마케팅을 배워도 포기하고 실패하는 이유는 혼자 하기 때문이다. 배운 대로 몇 번 해보다가 맥이 풀려 중도 포기한다. 아무리 포스팅해도 아무도 반응하지 않는다. 마케팅은 혼자 하면 필패한다. 반면에 함께하면 필승한다.

　페이스북 이전의 마케팅 환경을 보면 삭막하기 그지없다. 한마디로 약육강식이 존재하는 밀림과 같았다. 마케팅 고수는 대박을 이어가지만, 마케팅 하수는 쪽박을 면하기 어려웠다. 마케팅법을 누구도 알려주지 않고 도와주지 않는다. 자기만의 비법을 나누어주지도 않는다.

　필자는 페이스북 마케팅을 연구하면서 귀한 마케팅 보물을 발견하였다. 페이스북의 구조와 시스템은 '네트워크'로 연결되어 있다. 개인적인 마케팅 툴이 아니라 집단 공동 마케팅 시스템이 선명하게 존재하였다. 친구를 추천해준다든지, 내 페친을 다른 페이지로 추천해준다든지, 내 페친을 다른 그룹으로 추천해줄 수 있다. 나의 마케팅 자산을 나누어줄 수 있다.

　이것이 페이스북에서 마케팅 협업이 가능한 근거이다. 페이스북에서 함께하는 마케팅의 맛을 보았다. 마케팅을 함께하면 서로 배움을 주고, 서로 도와주고, 서로에게 도전을 주어 서로 마케팅 의지를 키워준다. 번번이 마케팅에서 실패하거든 마케팅 동지들을 찾아 함께하면 된다.

소상공인 마케팅 최적화 페마스쿨

필자는 2014년 6월에 사업과 가족의 생사가 걸린 갈림길에서 처음 페이스북을 시작했다. 페이스북을 통한 마케팅이 유일한 희망이었다. 그래서 페이스북에서 노닥거릴 여유가 없었다. 대신에 페이스북에서 몸부림쳤다. 페이스북은 내 사업의 전쟁터였다. 그랬기 때문에 페이스북을 '소셜 환경'이나 '소통'이라는 미사여구를 쓰는 사람을 배부른 사람이라고 생각했다. 한마디로 나의 페이스북 마케팅은 생존 마케팅이었다.

페이스북 강의를 개설하니 많은 교육생이 몰려들었다. 대부분 자영업, 소상공인들이었다. 그들은 절박했다. 지푸라기라도 잡고 싶은 심정이었다. 그들과 함께 소상공인 마케팅에 대한 정답과 해법을 페이스북에서 찾았다.

마케팅이 페이스북을 만날 때 마케팅 효과는 배가된다. 페이스북을 중심으로 모든 온라인, SNS, 매장 마케팅을 통합하여 운영하면 마케팅 시너지 효과가 극대화되는 것을 경험할 수 있다. 페이스북은 사업자들에게 그 이상의 가치가 있다.

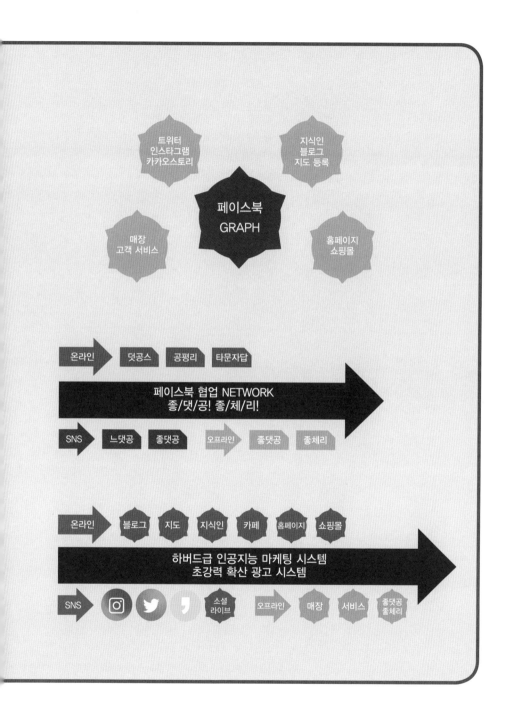

제2장

실전
페이스북 마케팅을 배우자

페마스쿨은 마케팅 훈련소이다. 단순히 배우는 과정이 아니다. 실습하고 익히고 내 것으로 만드는 과정이다. 사업자를 마케터로 훈련하고 실전 배치하는 과정이다. 즉 사업자를 강력한 마케터로 만드는 훈련소이다.

페이스북 가입부터
'감' 익히기까지

f

1

페마스쿨 1단계
입학 준비

1) 페이스북의 역사

페이스북은 2004년 2월에 'Thefacebook'이라는 이름으로 마크 저커버그(Mark Zuckerberg), 더스틴 모스코비츠(Dustin Moskovitz), 크리스 휴즈(Chris Hughes), 앤드루 맥컬럼(Andrew McCollum), 왈도 세브린(Eduardo Saverin) 6명의 학생에 의해 하버드생을 위한 소셜네트워크로 출발하였다.

페이스북은 채 한 달도 안 되어 보스턴대학, MIT, 보스턴칼리지, 다트머스대학, 노스이스턴대학, 스탠포드대학, 콜럼비아대학, 그리고 예일대학까지 퍼졌다. 2014년 12월 30일 현재, 페이스북 유저는 1백만 명에 도달하였다. 또한 대학과 고등학교, 직장인들을 위한 네트워크가 추가되었고, 13세부터 페이스북을 사용할 수 있게 되었다.

초기 페이스북 모습

2005년 10월부터 유저들이 직접 사진을 올릴 수 있는 서비스가 제공되었
으며, 2006년 9월에 지금의 뉴스피드(News Feed)가 탄생했다.

페이지는 2007년 11월에 페이스북에서 론칭했다.

페이스북의 대표 아이콘인 '좋아요' 버튼은 구글 지도를 만든 브렛 테일러(Bret Taylor)의 프렌드피드사에서 2007년 10월 30일에 프렌드피드의 기능으로 처음 발표되었고, 프렌드피드사가 페이스북에 인수된 2009년 8월 10일 페이스북에 통합되었다.

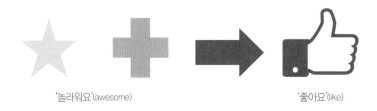

'놀라워요'(awesome)   '좋아요'(like)

브렛 테일러

2) 페이스북 계정 만들기

페이스북으로 마케팅을 하기 위해서는 페이스북 계정이 있어야 한다. 페이스북에 가입하는 순간 전 세계 16억 명의 페이스북 유저들과 친구가 될 수 있고, 페이스북 마케팅의 첫 관문을 넘게 되는 것이다. 페이스북을 단순히 SNS가 아닌 마케팅으로 활용하기 위해서는 모바일용 페이스북이 아닌 PC용 페이스북을 익혀야 한다. 회원 가입도 PC에서 진행하자.

(1) 가입 시 주의 사항

- 페이스북에 가입하기 위해서는 이메일 또는 핸드폰 번호가 있어야 한다.
- 페이스북이 미국에서 만들어져 이름을 먼저 입력하고 성을 입력한다. 그러다 보니 성과 이름이 뒤집히는 경우가 종종 발생한다. 이름을 다시 변경하려면 60일이 걸리기 때문에 주의해야 한다.
- 가입 시 실명과 실제 생일은 신분증과 일치하는 정보로 사용하자. 페이스북의 표준 규칙이자 페이스북 마케팅의 생명줄이라 할 수 있다. 페이스북은 유저에 대한 패널티가 많다. 페이스북은 패널티를 풀어줄 때 신분증을 요구한다. 페이지를 운영하고 광고를 집행하는 마케팅용 계정은 철저하게 실명과 실제 생일로 만들어야 한다.
- 가입 후 이메일 인증과 전화번호 인증을 필수적으로 하자. 인증이 되어야 계정이 안정되고 비밀번호를 찾을 수 있다.

(2) 가입하기

자, 이제 가입해보자. 먼저 이름을 입력하자. 미국식이어서 이름을 먼저 넣고 성을 나중에 입력한다. 다음으로 이메일 또는 핸드폰 번호, 아이디는

두 번 입력하고 비밀번호는 한 번 입력한다. 그래서 비밀번호를 입력하고 바로 혼동하는 경우가 발생한다. 종종 비밀번호를 찾지 못하는 분들이 있다. 비밀번호 입력 시 신중하게 하고 메모해두자.

다음 단계에서는 부정 가입을 방지하기 위해 보안 확인을 위해 보안문자를 입력해야 한다. 보안문자는 띄어쓰기로 된 대문자가 나오는데 대문자 소문자 관계없이 띄어쓰기로 입력한 후 동의하기를 체크한다.

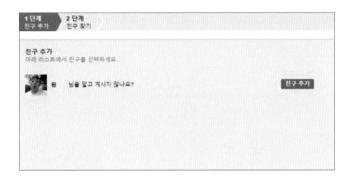

그 다음 단계로 친구 추가와 친구 찾기를 한다. 이메일을 입력하면 이메일에 저장된 사람들에게 페이스북 친구 초청 이메일을 자동으로 보내준다.

가입 마지막 단계로 이메일 인증을 마쳐야 회원 가입이 완료된다. 되도록 주로 사용하는 이메일로 가입하는 것이 좋다.

(3)페이스북 아이디 이해하기

페이스북 아이디는 3가지가 있다. 이메일, 핸드폰 번호, 유저 아이디이다. 핸드폰 번호와 이메일이 인증되면 아이디가 된다. 그리고 가입 시 자동으로 페이스북 유저 아이디가 생성이 된다. 이 3가지 중 어느 것으로도 로그인이 가능하다.

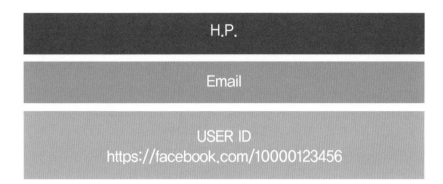

H.P.

Email

USER ID
https://facebook.com/10000123456

3)페이스북 모바일 앱 5종 설치하기

페이스북 모바일 앱은 총 5가지이다. 페이스북, 메신저, 페이지 관리자, 그룹, 광고 관리자 앱이다. 구글 플레이와 앱 스토어에서 설치하자. 설치 후 스마트폰 바탕화면에 나란히 배열하거나 페이스북 폴더를 만들어 사용하면 편리하다.

| 페이스북 앱 | 메신저(쳇헤드) | 페이지 관리자 | 그룹 앱 | 광고 관리자 |

4) G메일 계정 만들고 크롬 설치하기

우선 G메일을 만들자.

G메일 계정을 사용해 크롬에 로그인 한 후 페마스쿨 페이스북 마케팅을 세팅하면 어디에서든지 불러올 수 있다.

크롬을 설치하자.

페이스북은 크롬에 최적화되어 있다. 페이스북 광고는 크롬에서만 진행된다. 그러므로 페이스북 계정, 페이지, 광고 등 페이스북 마케팅 세팅을 크롬에 하여야 한다. 크롬을 내려받아 설치하고 G메일 계정으로 로그인하자.

2

페마스쿨 2단계
입학식

    페마스쿨 4주는 마케팅 훈련소이다. 마케팅을 훈련하고 습관화하여야 한다. 마케팅이 생활화되어야 한다. 페마스쿨은 대한민국 사업자로서 해야 할 페이스북 마케팅을 시작으로 온·오프라인 마케팅과 SNS 마케팅을 배워 내 사업에 실전 세팅하는 과정이다. 즉 페마스쿨은 마케팅의 집을 짓는 과정이다. 집을 짓다가 중도에 포기하는 사람은 없다.

    페마스쿨 입학식에서 수강생들이 하는 서약서부터 살펴보자.

페마스쿨 훈련소 서약서

1. 페마스쿨 4주로 내 사업에 기적을 만들자!
2. 페마스쿨에서는 핑계도 변명도 없다!
3. 페마스쿨 숙제와 협업은 무조건 한다!
4. 페마스쿨 페생페사 페북살이를 한다!

서약자   대표

다음으로 '마케팅 타임'을 서약한다.

페마스쿨 입학하고부터는 하루 30분 이상 내 사업을 위한 마케팅 활동 시간인 마케팅 타임을 실행해야 한다.

페마스쿨 마케팅 타임 서약서

1. 내 사업의 흥망성쇠는 마케팅이 결정한다.
2. 내 사업에서 마케팅 결과에는 핑계도 변명도 없다.
3. 내 사업에서 마케팅 타임은 죽어도 지킨다.
4. 내 사업 마케팅 타임은 매일 30분이다.

서약자   대표

마지막으로 페마스쿨 구호를 외쳐보자.

페이스북 마케팅은 프로필, 페이지, 그룹, 광고 4종 세트에서 이루어진다.

이 4종 세트를 강력한 압축기에 넣고 엑기스를 추출하면 여섯 방울이 떨어진다.

그것은 바로 '좋아요, 댓글, 공유하기'요.

고객을 통한 '좋아요, 체크인, 리뷰'이다.

이 여섯 방울의 엑기스에 통달하면 페이스북 마케팅의 핵심에 도달할 수 있다.

3
페마스쿨 3단계
크롬에 세팅하기

페마스쿨의 마케팅 훈련과 실전을 위해서는 크롬에 세팅하여 사용하면 편리하다.

1) 크롬에 G메일 로그인하기

크롬에 G메일 계정으로 로그인한다.

로그인 후 페마스쿨 페이스북 마케팅 세팅을 하면 어느 컴퓨터에서 동일한 세팅을 불러와 사용할 수 있다.

2) Goo.gl URL Shortener 설치

Goo.gl URL Shortener는 긴 주소줄(URL)을 짧게 단축해주는 무료 웹 프로그램이다. 이것을 활용해 마케팅 학적부 작성과 페이스북 글쓰기 등에 사용할 수 있다.

크롬에서 웹 스토어에 들어가자.

Goo.gl URL Shortener를 검색한다.

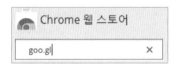

확장 프로그램에서 Goo.gl URL Shortener를 'CROME에 추가' 버튼을 눌러 추가하자.

아이콘 버튼이 생성되어야 한다.

이제 단축 링크를 복사해 사용하면 된다.

3) 크롬에 북마크하기

페이스북은 크롬에 최적화되어 있다. 페이스북 광고 또한 크롬에서만 작동한다. 그러므로 마케팅을 위해 사용하는 개인 계정, 페이지, 그룹, 광고 관리자, 마케팅 학적부, 블로그, 홈페이지, 쇼핑몰 등 주요 사이트들은 크롬에 북마크로 세팅해 사용하면 효율적이다.

크롬에 북마크하는 방법은 크롬 주소줄 오른쪽에 있는 별을 누르고 이름을 변경하고 저장하면 된다.

북마크 그룹을 만들어 사용해도 좋다.

먼저 페이스북 프로필을 북마크하자.

페이지를 북마크하자.

블로그를 북마크하자.

홈페이지를 북마크하자.

쇼핑몰을 북마크하자.

페이스북 광고 이미지 텍스트 20% 확인 도구를 북마크하자.

(https://www.facebook.com/ads/tools/text_overlay)

페이스북 글쓰기 시 유용한 이모티콘을 북마크하자.

(https://kr.piliapp.com/facebook-symbols/)

4
페마스쿨 4단계
타깃 추적하기

마케팅에서는 타깃 마케팅이 가장 성공률이 높다. 그럼에도 대한민국에서 운영되는 대부분의 마케팅 플랫폼은 타깃 기반 마케팅이 아니다. 소상공인 입장에서는 타깃 고객이 눈앞에 보이지만 타깃으로 접근할 수 있는 마케팅 플랫폼이 최근까지 없었다.

소상공인들은 기존의 마케팅이 타깃 기반이 아니다 보니 자기 사업에서 타깃에 대한 개념이 없다. 내 사업 타깃의 인구 통계별 정의(성별, 지역, 나이 등)와 사업 키워드 타깃에 대한 분석이 전혀 되어 있지 않다. 많은 마케팅 플랫폼이 있지만 어떠한 것도 타깃팅을 제공해주지 않기 때문에 마케터들도 잘 모른다. 마케팅 업계에서는 그저 광고비를 많이 쓰게 하여 많은 사람에게 노출하는 노출 마케팅이 강조되었다.

페이스북 마케팅은 타깃에 최적화되어 있다. 페이스북으로 마케팅을 할 때에는 철저한 타깃 마케팅적 접근이 필요하다. 왜냐하면 페이스북 시스템 자체가 타깃 마케팅 시스템이기 때문이다. 즉 타깃 마케팅적 사고로 페이스북 마케팅에 접근해야 한다.

페이스북 마케팅에는 타깃을 2가지로 본다. 인구 통계적 타깃과 키워드 타깃이다.

먼저 인구 통계적 타깃은 내 고객의 지역 범위, 성별 구분, 연령 범위를 나타내며 이를 미리 선정하여야 페이스북 마케팅을 효율적으로 할 수 있다.

다음으로 키워드 타깃은 페이스북 유저의 온라인과 모바일 행동을 기반으로 한 관심사로 분류한 것을 말한다. 지금까지 키워드는 온라인 마케팅에서 검색 노출 순위였다면, 페이스북 마케팅에서는 키워드가 타깃 그 자체가 된다.

페이스북은 유저들의 페이스북 활동과 다른 온라인과 모바일 행동을 데이터화하여 관심사라는 영역으로 키워드를 분류하여 제공한다. 그러므로 페이스북 마케터는 페이스북에서 제공하는 타깃화된 빅데이터를 사용하기 위해서는 내 고객 타깃의 관심사 키워드를 분석하여야 한다.

포털에서 제공하는 키워드 분석 툴을 사용하여 내 고객들이 사용하는 키워드들에 대한 정리를 하라. 즉 내 사업 타깃에 대한 정의가 있어야 한다. 내 사업 타깃은 누구인가? 하나씩 정리해보자.

1) 인구 통계 타깃 분석하기

인구 통계 타깃은 페이스북 마케팅의 가장 기초이면서 중요하다.

구분	MY TARGET
지역	
성별	
나이	

지역 매장 사업자의 경우, 내 매장을 중심으로 일정한 거리를 타깃 지역으로 구분해야 한다. 예를 들어 3km, 5km, 10km 등으로 구분한다.

전국 타깃 기반 사업자의 경우 권역별로 타깃을 세분화하는 것이 좋다. 수도권, 경인권, 충청권, 호남권, 경상권, 강원권, 제주권 등으로 구분하자.

나이란에는 가장 주 타깃층을 정한다. 그리고 나이도 타깃별로 세분화하는 것이 좋다. 예를 들어 10대, 20대, 30대, 40대 또는 여성의 경우 미혼과 기혼 등으로 세분화하면 타깃에 따른 이벤트와 상품을 구성해 타깃 마케팅을 진행할 수 있다.

성별은 주 타깃의 성별을 선택하면 된다. 성별 타깃에서는 크로스 타깃 기법을 접목하는 것이 좋다. 즉 남자를 타깃하기 위해서는 여성을 활용하는 이벤트를 하면 효과적이다.

2) 키워드 타깃 분석하기

고객이 어떤 키워드를 검색할 때 내 사업과 연결될 수 있는가가 중요하다. 지금까지 키워드는 온라인 마케팅 영역에서 사용되어왔다. 온라인 마케팅의 핵심은 키워드 최적화이다.

키워드의 영역이 점차로 소셜 마케팅 환경으로 확장되고 있다.

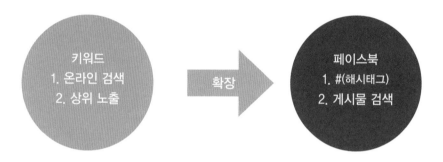

트위터, 카카오스토리, 인스타그램, 페이스북이 모두 #(해시태그)를 사용한다. 자연스럽게 해시태그는 키워드로 이루어진다.

최근 페이스북이 게시물 검색 시대를 활짝 열었다. 온라인 포털에서 검색하던 키워드를 이제는 페이스북에서 검색하기 시작하였다. 그러므로 페이스북 마케팅은 키워드 최적화가 되어야 한다.

페이스북 광고에서 상세 타깃팅 영역의 관심사 추출은 키워드로 이루어
진다. 고객들의 사이버 활동 정보에서 타깃을 추적하는 연결고리가 특정 키
워드이다.

내 고객들이 사용하는 키워드를 정리해보자. 메인 키워드를 가지고 자동
완성 및 추천 검색어를 정리한다.

자동 완성 검색어

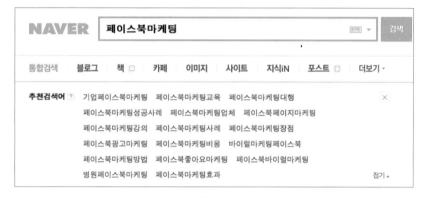

추천검색어

3) 타깃 군락지 탐색하기

인구 통계 타깃과 키워드 타깃을 기반으로 내 타깃 군락지인 Biotope을 찾아보자.

지금까지의 마케팅 툴은 타깃 기반의 마케팅이 아니다 보니 사업자들이 내 사업 타깃 군락지(Biotope)에 대한 개념이 부족하다. 타깃 군락지를 찾고 활용하는 방법을 배워야 한다.

페이스북은 정말 좋은 타깃 시스템이다. 타깃 군락지를 활용한 다양한 타깃 기반의 마케팅을 진행할 수 있다. 이 타깃 군락지를 통해 타깃 고객의 핸드폰 번호와 이메일을 확보하여 페이스북 타깃팅 시스템에 활용하면 타깃 기반의 마케팅을 전개할 수 있다.

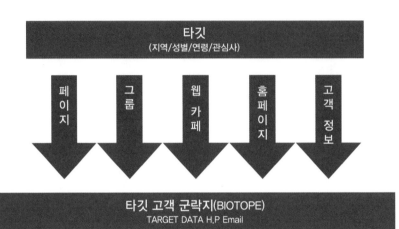

구분	MY BIOTOPE
페이스북 페이지	
페이스북 그룹	
N카페	
홈페이지	
쇼핑몰	
고객 정보	
사회적 관계망	

5
페마스쿨 5단계
계정 최적화하기

페이스북 마케팅의 첫 시작은 페이스북 계정에 대한 이해이다. 페이스북 계정에 있는 특수한 문제의 해결 없이 페이스북 마케팅은 할 수 없다. 페이스북 마케팅을 한순간에 무너뜨리는 것이 페이스북 계정 문제이다.

페이스북 마케팅으로 사업을 하는 경우 심각한 문제가 발생할 수 있다. 즉 기업의 페이스북 마케팅 자산, 즉 운영하던 페이지, 진행하던 광고 데이터 등이 일순간에 날아갈 수 있다는 것이다. 다시 말하지만 페이스북 계정 문제 해결 없이는 페이스북 마케팅은 없다!

1) 페이스북 계정 구조

페이스북에는 4대 계정이 있다. 개인 계정, 페이지 계정, 그룹 계정, 광고 계정이다. 페이스북의 계정 구조는 개인 계정에서 페이지, 그룹을 생성한 후에 관리한다. 그리고 개인 계정에서 광고 계정과 비즈니스 관리자를 생성한 후에 광고를 집행한다.

　즉 개인 계정에 페이스북 마케팅의 모든 자산이 물려 있는 것이다. 만약에 마케팅 진행하는 메인 계정이 잠기거나 비활성화되면 모든 페이스북 마케팅 자산(페이지, 그룹, 광고 계정, 비즈니스 관리자 등)은 한순간에 물거품이 된다. 그러므로 페이스북을 활용하여 마케팅하려면 페이스북 계정을 이해하고 사용하는 지혜가 필요하다.

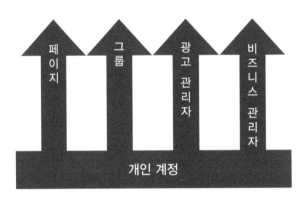

2)계정 문제 발생 원인

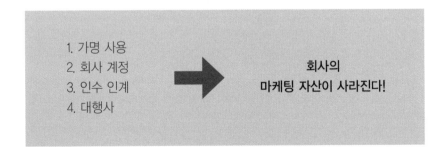

주로 페이스북 계정에 문제가 발생하는 원인으로는 가명, 회사 계정 사용과 인수인계 미비, 대행사를 통한 관리 등에서 발생한다. 이런 문제로 순식간에 소중한 마케팅 자산들이 사라진다.

페이스북 계정 문제는 왜 발생하는가?

페이스북 계정 잠김과 비활성화의 원인은 표준 규칙인 1. 실명 계정, 2. 1인 1계정, 3. 기능 남용 행위 금지 위반에서 발생한다.

▼ 실명 개인 계정을 유지하세요.

Facebook은 실제 알고 있는 사람들과 공유하고 교류하기 위한 사이트입니다. 모든 사용자가 실명을 사용하면 교류하는 상대가 누구인지 알 수 있습니다. 이렇게 하면 회원님이 찾고 있는 상대를 보다 쉽게 찾을 수 있을 뿐 아니라 Facebook 커뮤니티를 안전하게 유지하는 데에도 도움이 됩니다. Facebook 계정 중에 다른 사람을 가장하거나 가명을 사용하는 계정을 발견한 경우 Facebook에 알려 주세요.

회사, 제품, 애완동물 또는 유명인을 위한 계정을 원하신다면 Facebook 페이지를 만드세요.

▼ 전화번호를 사용해 복수 계정을 확인할 수 없는 이유는?

Facebook 계정은 1개만 보유할 수 있습니다. 계정에는 실제 이름이 등록되어야 합니다. 그래야만 모든 Facebook 회원이 서로의 신원을 분명히 알 수 있습니다. 자세한 내용은 Facebook 커뮤니티 표준을 참조하세요.

Facebook은 다음과 같은 행위를 금지합니다.

- Facebook 커뮤니티 표준에 어긋나는 콘텐츠(예: 위협, 편파적 발언 또는 폭력 묘사)를 게시하는 행위
- Facebook을 사용해 다른 사람을 괴롭히거나 가장하거나 희롱하는 행위
- Facebook 기능을 남용하는 행위(예: 모르는 여러 사람에게 원치 않는 친구 요청 보내기) 기능을 남용하는 행위는 다른 사람에게 불편함과 불안함을 유발할 수 있습니다. 따라서 Facebook은 기능을 사용할 수 있는 횟수에 제한을 두고 있습니다. 제한 사항에 대해 자세히 알아보세요.

페이스북은 이 규정을 페이스북 시스템상에서 엄정하게 가차 없이 집행한다. 이는 페이스북이 실명, 실제 유저들로 채워져 신뢰 있는 마케팅 환경

으로 유지되게 하는 긍정적인 효과가 있다. 페이스북은 이 규정들을 시스템 자체에 인공지능으로 세팅하여 규칙 위반자들을 적발한다.

예를 들어 페이스북은 가명(상호명) 사용자들을 찾아낸다. 또한 한 대의 컴퓨터와 한 휴대폰에서 여러 계정이 로그인 로그아웃 할 경우 1인 1계정 위반으로 인식하여 계정들을 차단한다.

3) 계정 최적화 방법

ID는 H.P. / 이메일 인증
실명 / 실제 생일 / 실제 사진
번호 인증 후 개인 폰에서 사용
PC에서는 크롬으로 사용

1. 마케팅 메인 계정은 대표 또는 마케팅 담당자의 실명 계정(실제 생일, 실제 사진)을 사용하라.

회사명, 상호명, 가명 계정으로 마케팅을 진행하는 것은 스스로 무덤을 파는 행위이다. 대부분 사생활 노출을 우려하여 실명 계정 사용을 꺼리는데 걱정하지 않아도 된다. 페이스북은 페이지 운영자가 누구인지 노출하지 않으며 페이지 이름으로 모든 활동이 이루어지기 때문이다.

2. 마케팅 메인 계정은 반드시 이메일 인증, 휴대폰 번호 인증을 완료한 후에 사용하라.

스마트폰의 대중화로 대부분 폰에서 페이스북을 가입하다 보니 핸드폰 번호로만 회원 가입하고 사용하는 경우가 비일비재하다. 가장 위험한 사용법이다. 핸드폰 번호로 가입하였다면 반드시 이메일을 등록하여 인증한 후에 사용하여야 한다. 반대로 이메일로 가입하였다면 반드시 핸드폰 번호로 인증한 후에 사용하여야 한다. 왜냐하면 페이스북은 보안 인증 또는 신분 인증이라는 것이 있어 마케팅 메인 계정 인증에 아주 중요한 수단이기 때문이다.

3. 마케팅 메인 계정은 폰에서 활동하라.

마케팅 메인 계정은 폰에서 활동하는 계정이어야 문제가 덜 발생한다. 필요하다면 마케팅 메인 계정을 위해 휴대폰을 별도로 준비할 필요도 있다. 즉 마케팅 메인 계정은 휴대폰과 컴퓨터에서 활동이 이루어져야 한다. 이렇게 하여야 페이스북의 보안 시스템을 안정화시킬 수 있다.

4. 마케팅 메인 계정은 크롬을 사용하라.

페이스북은 크롬에 최적화되어 있다. 같은 페이스북이라도 익스플로러에서 나오는 메뉴와 크롬에서 나오는 메뉴가 다르다. 페이스북의 광고 또한 크롬에 최적화되어 있다. 익스플로러에서는 광고 집행이 안 된다.

4)계정 설정하기

보안 설정인 로그인 알림, 승인, 코드 생성기를 세팅하라. 설정에서 보안 세팅하는 방법은 3단계가 있다. 로그인 알림은 새로운 기기나 브라우저 또는 다른 장소에서 로그인 시 이메일 또는 문자로 알림 받기를 설정한다.

로그인 승인은 다른 기기나 브라우저, 장소에서 로그인 알림 시 본인을 확인하는 방법이다. 코드 생성기와 세트라고 생각하면 된다. 핸드폰 코드 생성기에서 뜨는 보안 코드를 입력하면 된다. 보안 설정으로 해킹 방지의 효과가 있으며 또한 다른 PC에서 로그인해야 하는 경우 페이스북의 보안 시스템 오판으로 인한 계정 잠김을 방지할 수 있다.

먼저 설정/보안에서 로그인 알림을 세팅한다.

알림 받기와 이메일 알림 받기를 체크한다.

보안 설정		
로그인 알림	누군가 확인되지 않은 기기나 브라우저에서 회원님의 계정에 로그인할 때 알림을 받습니다	수정
로그인 승인	다른 사람이 회원님의 계정으로 로그인하지 못하게 전화로 보안 수준을 한 단계 높이세요.	수정
코드 생성기	Facebook 앱을 사용해서 필요한 경우에 보안 코드를 받으세요.	수정
앱 비밀번호	Facebook 암호 또는 로그인 승인 코드를 사용하는 대신에 특별한 암호를 사용해서 앱에 로그인하세요.	수정
공개 키	Facebook 프로필의 OpenPGP 키를 관리하고 암호화된 알림을 받습니다	수정
믿을 수 있는 연락처	계정이 잠겼을 때 복구할 수 있도록 전화를 걸어서 도움을 요청할 친구를 선택하세요.	수정
내 브라우저 및 앱	어떤 브라우저를 자주 사용하는 브라우저로 저장했는지 검토하세요.	수정
로그인한 위치	현재 Facebook에 로그인한 위치를 검토하고 관리하세요.	수정
프로필 사진 로그인	프로필 사진 로그인 설정 관리	수정
기념 계정 관리자	회원님이 세상을 떠나게 되었을 때 회원님의 계정을 관리할 가족이나 친한 친구를 선택하세요.	수정
내 계정 비활성화하기	회원님의 계정 상태를 활성화하거나 비활성화할 수 있습니다.	수정

다음으로 '로그인 승인'을 설정하자.

'알 수 없는 브라우저에서 내 계정에 액세스하려면 로그인 코드가 있어야 함' 앞 체크 박스에 체크하고 '시작하기'를 누른다.

체크 후 진행하면 핸드폰으로 코드가 온다.

코드를 입력하면 완료된다.

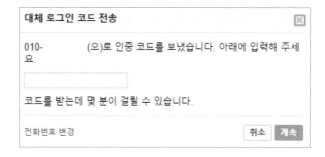

6
페마스쿨 6단계
페이스북 마을 여행하기

1) 페이스북 3종 구조

페이스북의 대표 이름은 페이스북이다. 그러나 프로필, 페이지, 그룹 등으로 불리어 많은 사람이 혼동한다. 페이스북이라는 대문을 열고 들어가면 프로필, 페이지, 그룹이라는 3칸의 방이 있다. 이 3개의 공간은 각기 고유한 기능과 역할이 있다.

개인 프로필 계정 (개인 계정)	페이지 (페이지 계정)	그룹 (그룹 계정)
· 친구/팔로우 · 개인적 관계 · 친구 신청/승인 · 5,000명 제한	· 좋아요 팬 · 기업, 마케팅용 · 페이지 무제한 · 팬수 무제한	· 회원 · 취미, 동호회 · 카페형 　(공개/비공개/비밀) · 그룹 무제한 · 회원 무제한 · 판매 기능 도입

2) 페이스북 마을

페이스북 마케팅을 배우려면 넘어야 하는 첫 번째 관문이 페이스북 용어와 개념과 구조에 대한 이해이다. 개발자인 저커버그가 한국의 싸이월드를 벤치마킹하였다는 속설이 있다. 그럼에도 페이스북은 미국식 용어와 개념과 문화가 녹아 있어서 한국 사람들에게는 쉽게 손에 잡히지 않는 게 사실이다.

이제 본격적으로 페이스북 용어와 개념을 잡아보자. 페이스북은 어떠한 모티브를 갖고 있는가? 페이스북은 TOWN, 즉 마을, 동네이다.

페이스북 타운

먼저 페이스북 타운에 등장하는 등장 요소부터 보자.

첫째, 동네에는 우리 집과 친구네 집이 있다. 페이스북 용어로 우리 집과 친구네 집은 개인 계정, 즉 프로필이라고 한다.

둘째, 동네에는 가게들이 있다. 편의점, 식당, 세탁소, 옷 가게, 회사 등……. 페이스북 용어로 가게를 '페이지'라고 한다.

셋째, 동네에는 모임이 있다. 조기 축구, 바둑, 등산 모임 등……. 페이스북 용어로 '동호회'를 '그룹'이라고 부른다.

넷째, 동네 가운데에는 놀이터가 있다. 놀이터에 가면 동네 모든 소식을 들을 수 있다. 페이스북 용어로 '놀이터'를 '뉴스피드'라고 부른다. 놀이터(뉴스피드)에 가면 친구(프로필) 이야기, 가게(페이지) 이야기, 동네 동호회(그룹) 이야기 등을 들을 수 있다. 페이스북 타운의 모든 소식이 모이는 곳이 바로 뉴스피드이다. 그리고 놀이터에는 동네 이정표(내비게이션)와 플래카드(페이스북 광고)가 있다.

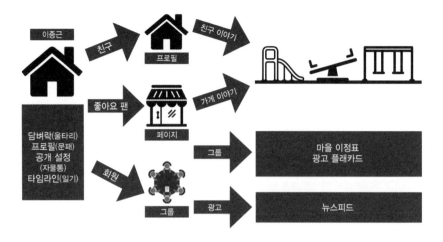

다음으로 페이스북 타운의 주인공인 우리 집에 등장하는 요소부터 살펴보자.

페이스북에서는 나를 사람으로 이해하면 용어와 개념이 잡히지 않는다. 바로 집, 단독주택으로 이해하는 것이 가장 좋다.

첫째, 우리 집에는 울타리가 있다. 페이스북 용어로는 WALL, 즉 '담벼락'으로 나만의 공간, 나만의 영역을 지칭한다.

둘째, 우리 집에는 문패가 있다. 문패에는 이름과 주소, 정보가 있다. 페이스북 용어로 문패는 '프로필'이라 한다.

셋째, 우리 집 대문에는 자물통이 있다. 어느 집은 대문이 항상 닫혀 있고, 어느 집은 항상 열려 있고, 어느 집은 친구에게만 문이 열린다. 페이스북 용어로 대문 자물통을 '공개 설정'이라고 한다. 공개 설정은 나만 보기(닫힘), 전체 공개(열림), 친구 공개 등 3단계로 정할 수 있다. 모든 정보, 모든 게시글을 내가 설정할 수 있다.

넷째, 집 안에서 나는 일기를 쓴다. 나의 이야기, 그리고 오늘 있었던 세상

이야기를 쓴다. 페이스북 용어로 '타임라인'이라 한다. 시간 순으로 차곡차곡 쌓여서 타임라인이다. 나만 쓸 수도 있고, 공개 설정을 통해 내 일기장(타임라인)에 친구도 글을 쓰게 할 수도 있다.

여기서 중요한 개념들을 정리해보자. 개인 계정을 부르는 말이 참 다양하다는 것이다. 사람마다 부르는 호칭이 다르다. 개인 계정, 프로필, 담벼락, 타임라인이다. 이 모두가 개인 계정을 용도에 따라 부르는 호칭들이다.

페이스북 3종은 나를 중심으로 관계와 호칭이 달라진다.
나와 친구와의 관계와 호칭은 친구 또는 페친이다.
나와 페이지와의 관계와 호칭은 좋아요 또는 팬이라 부른다.
나와 그룹의 관계와 호칭은 회원이라 부른다.

다음으로 페이스북에 관한 글을 쓰거나 강의를 하는 사람들이 가장 많이 실수하는 '타임라인'과 '뉴스피드'를 정리해보자. '타임라인'은 나의 이야기가 쌓이는 공간이다. 반대로 '뉴스피드'는 우리들의 이야기가 모이는 공간이다.

타임라인	뉴스피드
나의 이야기	우리들의 이야기

마지막으로 페이스북의 구조를 이해해야 한다. 페이스북은 크게 2가지 구조로 되어 있다. 바로 내 포스팅이 차곡차곡 모이는 타임라인과 다른 사람과 페이지의 포스팅들이 모여 구독되는 뉴스피드이다. 이 두 영역 간의 작동 구조를 이해해야 한다.

먼저 개인 계정(프로필, 담벼락, 타임라인)에서 포스팅을 하면 내 타임라인에 글이 차곡차곡 쌓인다. 그러면 타임라인에는 포스팅을 외부로 노출해주는 시스템이 작동해 내 페친들의 뉴스피드로 보내준다.

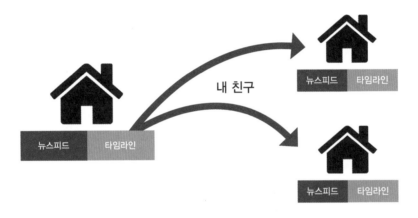

페이지도 마찬가지이다. 페이지에 포스팅을 하면 페이지 타임라인에 포스팅이 저장되고 노출 시스템에 의해 페이지를 '좋아요'한 팬들의 뉴스피드로 보내준다. 이 부분에서 많은 사람이 혼동한다. 페이지 포스팅은 내 페친들과는 무관하다. 내 페친들에게도 노출된다고 착각하여 사생활이 노출될까 염려하는 사람이 많은데 걱정하지 않아도 된다.

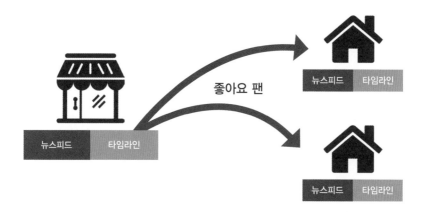

그룹도 마찬가지이다. 페이스북에서 그룹 타임라인이라는 공식 용어는 없다. 그룹에 포스팅을 하면 그룹 타임라인(토론 게시물, 판매 게시물)에 쌓이며, 타임라인 노출 시스템에 의해 그룹에 가입한 회원들의 뉴스피드에서 노출된다.

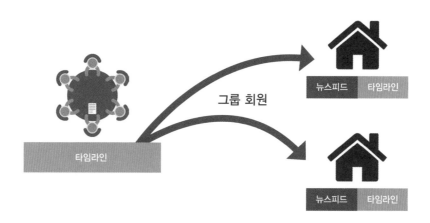

3) 페이스북 마을 인터페이스

이제 이 페이스북 마을을 페이스북 인터페이스에 접목해보자.

먼저 담벼락, 프로필, 타임라인이라 부르는 우리 집이다.

페이스북 메인 바로가기에서 내 이름 또는 사진을 눌러보자.

다음으로 놀이터라 부르는 뉴스피드로 가보자.

페이스북 메인 바로가기에서 '홈'을 눌러보자

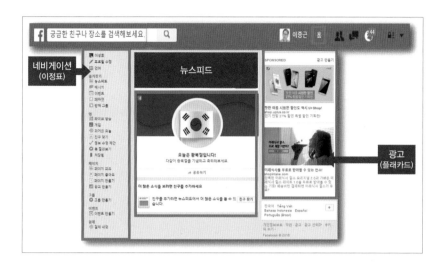

모바일에서도 페이스북 마을 구조를 이해해야 한다.

모바일에서 페이스북을 처음 실행하면 놀이터인 뉴스피드부터 먼저 나온다.

맨 안쪽으로 들어가면 나의 집인 담벼락, 프로필, 타임라인이 나온다.

4) 설정 세팅하기

이름 짓기

이름은 변경 후 60일이 지나야 변경이 가능하다.

블로그 닉네임, 상호명, 별명 등을 '다른 이름'으로 등록해 사용할 수 있다.

웹 주소(URL) 만들기

이메일과 전화번호 등록 및 수정하기

비밀번호 변경하기

글쓰기 설정하기

'타임라인과 태그 달기'에서 내 타임라인에 콘텐츠를 추가할 수 있는 사람이 기본 '친구만'으로 되어 있는 것을 '나만 보기'로 바꾸면 된다.

추천 관리하기

@태그, 함께 있는 친구 태그, 사진에 함께 있는 친구 태그를 당하면 내 타임라인에 추가가 된다. 요즘 무작위로 홍보하는 사람들 때문에 내 타임라인에 야동이 올라와 오해를 사기도 한다. 태그된 게시물이 자동으로 게시되기 전에 내 검토를 받게 설정하는 것이 좋다.

차단 관리하기

특정한 친구 차단, 메시지 차단, 앱 초대 차단, 이벤트 초대 차단, 페이지 차단 등을 설정하고 관리할 수 있다.

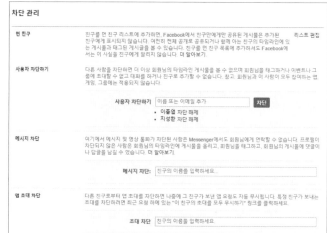

알림 설정하기

각종 알림을 설정하고 해제할 수 있다.

모바일 설정하기

핸드폰 번호, 일반 전화번호, 070 번호를 등록 및 삭제할 수 있다. 보안 인증을 위해 전화번호를 등록해 사용하는 것이 좋다.

휴대폰을 분실하였을 경우

다른 사람이 페이스북 접속하여 사생활과 정보를 염탐하는 것을 방지하기 위해 원격으로 페이스북을 로그아웃시킬 수 있다.

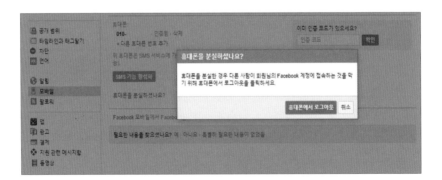

7
페마스쿨 7단계
담벼락 왕국 운영하기

페이스북 마케팅의 기둥은 4종 세트에서 이루어진다. 프로필, 페이지, 그룹, 광고이다. 페이스북 마케팅은 각 영역에 대한 마케팅 전략의 그림이 수립되어야 한다. 페마스쿨은 이 페이스북 마케팅 4종 세트를 배우고 실전 세팅하는 과정이다.

프로필	페이지	그룹	광고
나 브랜딩 관계 신뢰 마케팅	기업 브랜딩 콘텐츠 마케팅	커뮤니티 쇼핑몰 마케팅	타깃팅 구매 전환 마케팅

1) 자기소개하기

페이스북 마케팅 중에서 효과적인 측면에서 가장 뛰어난 것은 페친들과의 관계와 신뢰 기반 속에서 이루어지는 개인 계정(프로필, 담벼락, 타임라인)

마케팅이다. 필자는 이 개인 계정을 담벼락 왕국이라 부른다. 그만큼 중요한 의미를 부여한다. 이 담벼락 왕국에서 나는 왕이고 페친은 나의 백성이다. 담벼락 왕국은 내 이름 석 자로 브랜딩되는 마케팅 왕국이다. 내가 무엇을 하는 사람인가를 자연스럽게 알릴 수 있다.

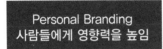

프로필은 페이스북 마케팅의 출발점이 되는 곳이다. 페마스쿨에서 가장 중요한 마케팅 영역이다. 프로필에서 페친 5,000명을 만들고 페이지로 그룹으로 광고로 확장되는 마케팅을 진행한다.

먼저 나의 담벼락 왕국을 설계해보자.

구분	MY BRANDING
브랜드	
캐릭터	
콘텐츠	

브랜드명 : 이름과 다른 이름으로 구성하라.

캐릭터 : 내 사진과 동영상을 사용해 구성하라.

콘텐츠 : 내가 사는 이야기와 나의 일하는 모습으로 구성하라.

(1) 브랜드명 짓기

반드시 자신의 실명으로 만들어야 한다.

그리고 다른 이름을 활용하여 나를 브랜딩하고 표현하여야 한다.

다른 이름은 4자까지만 가능하다.

블로그 닉네임, 회사명, 별명 등을 사용해 브랜딩해 보자.

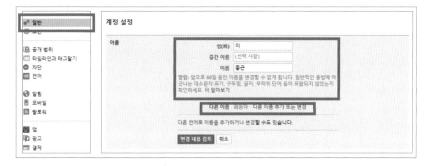

내 소개는 모바일에서 중심에 위치한다. 비록 101자로 구성되는 짧은 글이지만 내 담벼락 왕국을 방문하는 사람들에게 강력한 인상을 남기는 부분이다. 좋아하는 좌우명, 명언, 명구와 함께 자신이 하는 일을 간략히 표현하는 것이 좋다.

다음으로 내 정보와 소개를 최대한 입력하자.

(2)캐릭터 설정하기

커버 사진과 프로필 사진을 넣어 꾸며보자. 커버 사진은 담벼락 왕국의 국기와 같다. 나의 왕국을 대표하는 사진으로 구성하자.

무료 커버 사진을 다운할 수 있는 웹사이트 주소는 http://www.fotor.com/ 이다.

　　프로필 사진은 담벼락 왕국의 왕의 얼굴이다. 한마디로 용안이다. PC에서는 사진으로만 구성되지만, 모바일에서는 동영상으로도 프로필 사진을 만들 수 있다.

(3)콘텐츠 담기

트위터는 140자로 성공하였지만 결국 콘텐츠가 빈약하여 콘텐츠 한계로 위기에 봉착하였다. 반면에 페이스북은 사진과 동영상, 슬라이드쇼(GIF 형식), 라이브 방송, 뉴스 등 다양한 콘텐츠로 유저들을 묶어 두고 있다.

담벼락 왕국은 이 다양한 콘텐츠로 풍부한 내용을 담아 운영해야 한다. 다양한 사진과 동영상 편집 어플들을 사용해서 제작하면 좋다. 다음에 소개하는 최해경 님은 사진 편집을 활용한 화려한 색감의 콘텐츠를 올린다.

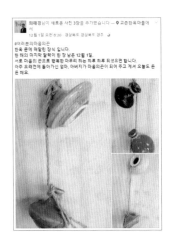

다양한 사진과 동영상 편집 어플을 사용하라.

무엇보다 담벼락 왕국의 콘텐츠는 담는 내용이 중요하다. 적어도 페이스북에서 포스팅으로 백만 명이 보게 하겠다는 각오로 글을 써야 한다. 밀리언 포스터가 되어야 한다.

> 1. 종교/정치 편향된 포스팅 금지
> 2. 작가가 돼라! 예술가가 돼라!
> 3. 전문가가 돼라!
> 4. 기여자가 돼라!(상식. 정보. 유머)
> 5. 밀리언 포스터가 돼라!

콘텐츠를 담을 때 주의할 점은 다음과 같다.

첫째, 담벼락 왕국을 운영하는 왕은 특정 종교나 정치 성향을 보여서는 안 된다. 이러할 경우 담벼락 왕국이 댓글 전쟁터가 되기 십상이다.

둘째, 예술가적인 작가가 되어 글을 써야 한다. 거창한 예술의 경지를 보이라는 말이 아니다. 페이스북은 장문의 글보다는 4~5줄의 짧은 글 속에 마음과 정서와 추억을 담아 표현할 수 있다. 단순히 먹자! 놀자! 웃자! 판의 글로 채워서는 안 된다. 즉 사람의 마음에 감동을 주는 글을 써야 한다.

다음에 소개하는 김영두 님의 글은 많은 사람에게 마음의 울림을 준다. 김영두 님은 '냉큼'이라는 페이지 이름으로 글을 풀어나간다.

냉큼님이 새로운 사진 5장을 추가했습니다.
9월 27일 오후 2:50 · 🌐

뭔가에 대해 이미 알고 있으나
다른 영역에 있는것을
잘 가져오는 것이
꼭 필요한 오늘이지만 왠지
어수선하다

당신의 삶을
살짝 변화 시킬수도 있고
나의 삶도 변화가 필요한 오늘 내가 사랑할
비가 내려
기분이 냉큼 좋아지고 있다

#화보촬영 #논현동
#대동모피 #유지연 #이제인
#가을비 #비
#윌스튜디오 #메리트시스템
#윌애드 #모델
#쓱
#냉큼

오늘은 나에 남은 인생의 첫날
곁에 머문다해서
표현되지 않는 사랑은 영원할 수 없다

당신의 아름다운 흔적은 치명적 유혹으로
많은 사람에게 매력으로 남겨질 것이다

by. young doo

셋째, 전문가다운 식견이 나와야 한다. 나는 내 사업의 전문가이다. 전문가로서 정보를 담벼락 왕국 콘텐츠에 담아야 한다. 페친들은 이 전문 정보에서 나를 신뢰하고 사업 제휴 내지는 매출로 이어진다.

넷째, 정보 기여자가 되어야 한다. 타임라인을 공유로만 채우는 경우가 있는데 필자는 이를 '식은 밥을 백성들에게 먹인다고 표현한다.' 내 타임라인에는 자신의 이야기를 중심으로 하고 공유는 적절하게 이루어져야 한다. 공유하는 글은 좋은 정보와 상식과 유머를 담은 선별된 양질의 글이어야 한다.

2) 마케팅 글쓰기

페이스북은 "무슨 생각을 하고 계신가요?"로 항상 나의 상태를 질문한다. 이 작은 구멍으로 페이스북은 온 세상 사람들의 생각을 집어삼킨다. 이 작은 구멍을 통해 마케팅이 진행되어야 한다.

페이스북 마케팅 글쓰기를 위해서는 5가지의 태그법과 링크 게시하기를 익혀야 한다.

(1) @친구 이름 태그 익히기

@친구 이름 태그는 똑같은 글이 태그된 친구의 타임라인에도 동시에 게시된다. @태그도 하나의 공유 기능이다. 요즘 야동이나 게임 홍보하는 분들이 오용하여 마케팅하는 기능이다.

(2) #키워드(해시태그) 만들기

#키워드는 검색을 위한 색인 기능이다. 내 사업과 연관된 주요 키워드들을 해시태그로 사용하는 것이 좋다. 해시태그는 30개까지 가능하다.

해시태그를 활용하는 법으로는 워드나 메모장에 #키워드 30개를 미리 만들어 저장해두자. 그리고 포스팅할 때마다 복사해서 붙여넣기하면 된다.

#홍대맛집
#합정맛집
#홍대데이트코스
#합정역맛집
#홍대데이트
#홍대스테이크
#홍대가볼만한곳
#홍대놀만한곳
#홍대먹거리
#홍대파티룸
#홍대브런치카페
#홍대회식장소
#홍대갈만한곳
#홍대단체모임

(3) 장소 태그(체크인)하기

장소 태그는 특정 장소 또는 페이지에 체크인할 수 있다. 그런데 사진을
사용할 때와 사용하지 않을 때 다른 모습이 나온다는 점이 중요하다. 특정
장소 또는 페이지(비즈니스 또는 장소, 주소가 등록된 페이지)를 체크인하고 사진
을 올리지 않고 게시하면 해당 장소의 지도가 노출된다. 매장의 위치를 알
리는 지도 마케팅으로 유용한 기능이다.

(4)함께 있는 친구 태그하기

장소 태그(체크인)와 함께 사용되는 태그로 장소에 함께 있는 친구를 태그할 수 있다. 태그된 친구의 타임라인에 같은 글이 게시된다.

(5)사진 태그하기

사진의 얼굴에 태그를 하면 페이스북은 자동으로 얼굴을 인식해 이름을 불러온다. 함께 있는 사람도 자동으로 태그해주며 그들의 타임라인에도 동시에 게시해준다.

(6)링크 게시하기

홈페이지, 쇼핑몰, 블로그, 기사 링크 가져오기를 하는 경우, 링크를 붙여
넣기하면 자동으로 섬네일 이미지를 불러온다. 섬네일 이미지에 링크가 숨
겨져 있으므로 가져온 링크는 삭제해준다. 글에 링크가 있을 경우에는 퍼온
글로 인식해 패스하는 경우가 많고 글이 지저분해 보기에 좋지 않다.

3)글 수정 및 관리하기

게시글 관리는 2가지 방식이 있다. 내 타임라인에서의 게시글 관리와 뉴
스피드에서의 게시글 관리이다. 각각에 나오는 메뉴가 다르다.

(1) 타임라인에서 게시글 관리하기

- 링크 저장 : 페이스북은 지나간 콘텐츠가 아래로 쌓여가므로 중요한 글들은 링크 저장을 해두면 쉽게 찾을 수 있다.
- 게시물 수정 : 포스팅에 오타나 사진이 잘못되었을 경우 수정이 가능하다.
- 날짜 변경 : 포스팅 날짜를 변경할 수 있다.
- 퍼가기 : 링크가 복사되어 공유와 같은 기능을 한다.
- 이 게시물에 대한 알림 해제 : 누군가가 좋아요, 댓글, 공유를 하면 알림을 준다. 알림을 받지 않을 수도 있다.
- 타임라인에서 숨기기 : 내 타임라인에 있는 내가 작성한 글이나 페친들의 글 중에서 숨기고 싶은 글을 감출 때 사용한다.
- 삭제 : 완전히 삭제한다. 삭제하면 복구가 안 된다.

프로필 타임라인의 게시글과 사진은 수정이 된다. 사진 삭제, 교체 및 순서 변경이 가능하다. 하지만 페이지 게시글은 글만 수정이 된다.

(2)뉴스피드에서 게시글 관리하기

뉴스피드는 다른 사람의 포스팅, 즉 내 페친, 좋아요한 페이지, 가입한 그룹 그리고 광고 포스팅이 올라오기 때문에 삭제 기능이 없다.

- 게시물 숨기기 : 타인의 게시물을 보기 싫을 때 주로 사용하는 기능이다. 타인의 게시물이기에 삭제 기능은 없고 숨기기만 가능하다.

- 팔로우 취소 : 페친 관계는 유지되지만 상대의 글을 보기 싫을 때 사용한다. 팔로우 취소를 하면 상대방의 글은 내 뉴스피드에 더 이상 나타나지 않는다.

- 사진 신고 : 야한 사진이나 혐오스런 사진의 경우 신고할 수 있다. 페이스북은 신고에 예민하여 신고된 게시물을 검열하여 이상이 발견되면 조치를 한다.

- 게시물 저장 : 즐겨찾기 기능이다. 뉴스피드의 게시글은 휘발성의 속성이 있어서 조금 후 사라지기 때문에 필요한 게시글은 저장하는 습관을 들이는 것이 좋다.

4) 좋아요/댓글/공유하기

페이스북은 좋아요에 6가지 감정 표현을 담는다.

페이스북의 좋아요는 기능적 용도, 마케팅적 기능, 심리적인 의미가 있다. 기능적으로는 좋아요 숫자가 늘어난다. 좋아요에는 6가지 감정을 표현하게 해준다. 무엇보다 좋아요에는 노출 확산의 기능이 있어 자동으로 좋아요를 누른 글을 내 친구들의 뉴스피드에 노출해준다. 이 노출 시스템을 활용해 마케팅할 수 있다.

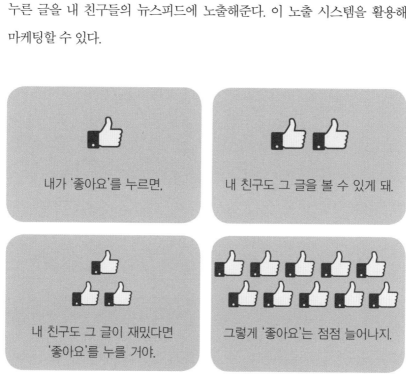

댓글에는 글뿐만이 아니라 사진과 이모티콘을 올릴 수 있다. 무엇보다 @ 태그로 친구나 페이지를 태그해 소환할 수 있다. @친구 소환은 페이스북 마케팅에서 중요한 기법이다. @친구 소환을 통한 마케팅을 진행할 때 최고의 마케팅 성과가 나온다.

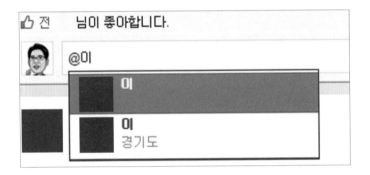

페이스북에서 공유하기는 2가지가 있다. 페이지 공유하기와 게시글 공유하기이다. 페이지 공유하기는 페이지를 홍보하는 기능으로 페이지 편에서 다시 설명하겠다. 게시글 공유하기는 내 글 또는 다른 사람의 게시글을 내 타임라인, 친구 타임라인, 내가 관리하는 페이지, 내가 가입한 그룹, 메시지로 공유하는 기능이다.

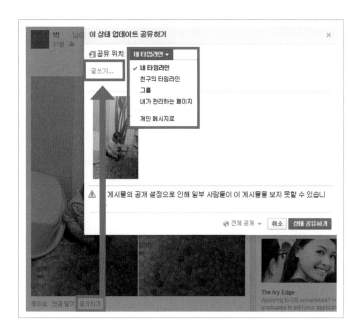

　연예인이 인기를 먹고 살듯이 페이스북 유저는 좋아요를 먹고 산다. 좋아요가 많으면 기분이 업되고, 좋아요가 적으면 기분이 다운된다. 사업하는 마케터에게는 좋아요가 사업의 운명을 결정하기도 한다. 사업에 관련된 것을 포스팅하였는데 좋아요 숫자가 적으면 포기하기도 하고, 좋아요가 많으면 사업에 생기가 돌게 된다.

　필자는 마케팅에서 좋아요의 위력을 경험한 적이 있다. 페이스북 초기에 페친들이 눌러준 좋아요를 통해 '마케팅의 꿀맛'을 경험했다. 이 좋아요를 통해 필자는 페이스북 전문가의 길로 들어섰고, 인생과 가정이 살아나는 경험을 했다.

좋아요가 사업을 살리고,

좋아요가 가정을 살리고,

좋아요가 사람을 살린다!

페마스쿨에서 최고의 가치 중 하나는 좋아요, 댓글, 공유이다. 서로 좋아요를 눌러주며 응원의 마음을 전한다. 마케팅에서 좋아요에는 응원의 에너지가 있다. 서로의 포스팅에 좋아요를 누르며 '대박나세요!'를 외치며 응원한다. 이것이 마케팅 협업의 중요성이다.

5)페친과 팔로워 만들기

페이스북에서 페친은 2가지 개념으로 이해해야 한다. 친구 개념과 팔로우 (팔로워, 팔로윙) 개념이다. 친구가 될 수도 있고 팔로우(팔로워, 팔로윙) 관계만 될 수도 있다. 친구 5,000명이 넘으면 자동으로 팔로워가 된다. 팔로워는 무 제한으로 가능하다.

친구는 상호 동등한 관계로 친구 신청을 하고 친구 신청이 받아져야 비로 소 친구 관계가 된다. 다른 사람에게 친구 추천도 해줄 수 있고, 친구 끊기도 할 수 있다. 반면에 팔로우는 일방적 상하 관계로 일방적으로 소식만 받아 보는 관계이다.

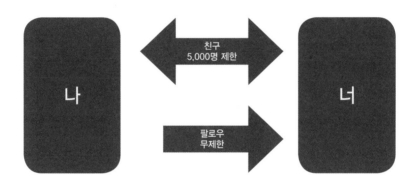

또한 특정 친구를 '친한 친구' 또는 '먼저 보기'로 설정하면 푸시 알림과 먼저 보기 설정한 친구의 포스팅이 올라올 경우 뉴스피드 상단에 보인다.

8
페마스쿨 8단계
페이지 만들고 운영하기

페이스북을 마케팅으로 활용하기 위해서는 페이지를 만들어야 한다. 페이지는 홈페이지와 같다고 생각하면 된다. 페이지를 통해 회사 브랜딩과 페이지 이름으로 광고를 집행할 수 있다. 페이지는 페이스북 마케팅의 전진기지이다.

1) 페이지 만들기

(1) 페이지 설계하기
페이지를 만드는 것은 아주 간단하다. 하지만 어떻게 만드는가가 중요하다. 페이지를 만들기 전에 먼저 운영할 페이지의 그림을 그려야 한다.

구분	BRANDING
페이지 종류	
브랜드	
캐릭터	
콘텐츠	

1. 페이지 종류 : 페이지 카테고리를 선택한다.

2. 브랜드 : 페이지 이름을 붙인다.

3. 캐릭터 : 페이지 프로필 사진으로 페이지를 대표한다.

4. 콘텐츠 : 포스팅할 콘텐츠 주제를 정한다.

(2)카테고리 선택하기

페이지를 만들 때에는 오른쪽 역삼각형으로 생긴 메뉴 버튼을 누른다.

페이지를 만들 때에는 카테고리 선택이 가장 중요하다. 페이지는 6개 카테고리로 분류되며 하위에 세부 카테고리를 설정할 수 있다. 페이스북이 대단하다는 것을 느낄 수 있는 부분이다.

카테고리별로 세부 항목이 다르다. 카테고리 업종에 맞추어 메뉴, 전화번호, 주차 등 필요한 메뉴들이 적절하게 튀어나온다. 페이지 카테고리는 언제든지 원하는 카테고리로 변경이 가능하다.

페이지의 카테고리에 따라 다른 기능이 제공된다. 다음 페이지의 표는 페이지 카테고리(가로)별로 제공되는 기능(세로)을 설명한 것이다. 눈여겨볼 것은 지도와 체크인과 리뷰이다. 이 기능들은 페이지 마케팅에서 아주 중요한 기능들이다.

매장을 운영하는 사업자의 경우에는 지역 비즈니스로 카테고리를 설정하여야 지도, 체크인, 리뷰 기능이 활성화되어 고객 참여 페이지를 운영할 수 있다.

	책과 잡지, 브랜드 및 제품	회사 및 단체	지역 비즈니스	영화, 음악, TV	사람, 스포츠	웹사이트 및 블로그
요약 설명	✓	✓	✓	✓	✓	✓
웹사이트	✓	✓	✓	✓	✓	✓
이메일		✓	✓		✓	✓
전화번호		✓	✓		✓	
주소		✓	✓		✓	
지도			✓			
체크인		✓	✓			
평가 및 리뷰			✓			

　페이지 카테고리를 크게 2가지로 나누어 지도 노출과 지도 비노출 페이지로 구분할 수 있다. 매장을 운영하는 분들은 페이지에서 고객들에게 매장 위치를 노출하는 것이 좋다. 지역 비즈니스 페이지에 나오는 지도, 체크인, 리뷰는 페이지를 활용한 고객 마케팅에 유용한 기능이다.

　'비즈니스 및 장소' 카테고리는 모바일 페이스북에서 지도 노출과 모바일 페이스북에서 '근처 장소' 검색 시 위치 기반으로 검색 노출이 되며, 고객들이 '리뷰'로 참여할 수 있다.

회사, 온라인 사업의 경우 지도 노출 없는 페이지가 좋다. '회사, 기관, 연구소' 카테고리로 들어가 페이지를 만들면 된다. 카테고리는 언제든지 변경이 가능하다.

(3)페이지 이름

페이지 이름은 내 사업을 대표하는 상호명을 포함하는 이름으로 짓는 것이 좋다. 또한 메인 키워드를 넣어 작명하는 것이 좋다. 메인 키워드가 상호명 앞 또는 뒤쪽으로 들어가면 좋다.

다음으로 간단히 페이지 소개를 작성하고 페이지의 고유 웹 주소 URL을 입력한다.

특히 이 페이지 URL은 페이지 프로필 사진 하단에 @○○○○로 노출되기에 중요한 부분이 되었다.

(4)페이지 커버 사진과 프로필 사진

프로필 사진과 페이지 사진을 만들어 멋지게 페이지를 꾸며보자. 커버 사진은 페이지 마케팅에서 가장 중요한 대표 이미지로, 페이지의 얼굴이다. 페이지 공유 시 커버 사진 노출 이미지에 사람들의 반응이 달라진다. 차별화된 페이지 커버 이미지는 마케팅의 역할을 반 이상 한다고 할 수 있다.

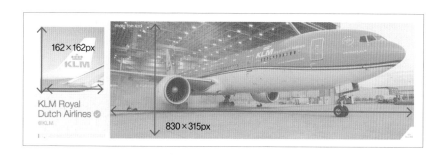

페이지 프로필 사진은 페이지의 얼굴이다. 글쓰기, 좋아요, 댓글, 공유하기 등 모든 페이지 활동에서 대표되는 캐릭터이다. 페이지의 모든 활동이 프로필 사진으로 표시된다. 대부분 회사의 로고를 사용하는 경우가 많다. 하지만 페이지 프로필은 이미지와 텍스트를 조합해 사용하는 것이 좋다.

다음 열린책들 출판사의 프로필은 텍스트를 이미지화한 대표적인 사례이다. 예뻐지자 페이지의 프로필 또한 이미지와 텍스트가 적절히 조화된 사례이다.

IMAGE＋TEXT

페이지 커버 사진은 심플하면서 명료하게 만드는 것이 좋다. 커버 사진에 타이틀 문구를 넣는 경우가 있는데 아래처럼 너무 많으면 지저분하며, 모바일에서 볼 경우 변형되어 보기에 좋지 않다. 페이지 커버 사진을 수정할 때는 수정 후 모바일에서 검토한 다음에 완료해야 한다. 페이지 커버 사진은 모바일에서 최적화되어야 한다.

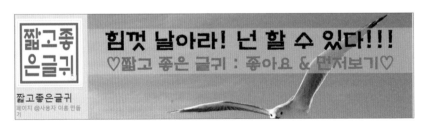

PC 버전

모바일 버전

(5)행동 유도 버튼 만들기

행동 유도는 페이스북 사용자가 비즈니스에서 중요한 행동을 하도록 유도한다. 페이지에 대한 행동 유도 버튼을 무료로 추가할 수 있다. 페이지에서 사람들을 웹사이트로 유도하거나 예약, 전화 걸기, 예약, 구매, 가입 등의 행동으로 전환시킬 수 있다.

다양한 행동 유도 버튼을 선택할 수 있다. 중요한 사항은 즉시, 지금 행동을 요구하는 버튼의 선택은 사람들로 하여금 선택을 강요한다. '지금 구매하기', '지금 예약하기', '지금 전화하기'보다는 '문의하기', '더 알아보기' 등 고객들로 하여금 자연스러운 행동 유도를 하는 것이 좋다.

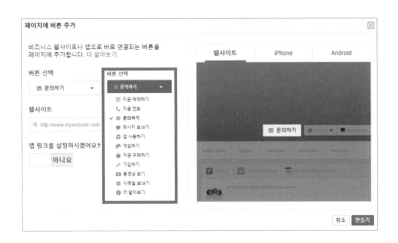

(6)모바일 앱 페이지 관리자 사용하기

페이지 관리자 앱을 통해 스마트폰 바탕화면에 페이지 바로가기를 만들어 편리하게 페이지를 관리할 수 있다.

1. 점 3개(…)를 누른다.

2. 페이지 설정을 누른다.

3. 홈 화면에 추가를 누른다.

2) 페이지 정보 수정하기

페이지 프로필 사진 하단에 있는 '정보' 탭을 누른다. 그리고 '페이지 정보'를 누르면 카테고리, 페이지 이름, 주소, 지도 등록 및 변경이 가능하다.

(1) 카테고리 변경하기

카테고리와 세부 카테고리와 하위 카테고리를 등록 및 변경할 수 있다.
하위 카테고리는 3개까지 선택이 가능하며, 페이스북에서 제공하는 하위 카
테고리만 노출이 된다.

(2)페이지 이름 수정하기

페이지 이름은 변경이 언제든지 가능하며 페이스북의 승인으로 변경이 가능하다. 단 유사한 이름으로만 변경이 가능하다.

새 페이지 이름 요청　　　　　　　　　　　　　　　　　　×

페이지 이름은 페이지에 대한 정보가 반영되어야 합니다. Facebook은 페이지가 대표하는 비즈니스, 브랜드, 단체의 정체성을 보호하기 위해 이름 변경을 검토합니다.

　　　　　현재 페이지 이름　홍대뉴욕 NY

　　　　　새 페이지 이름　[홍대뉴욕 NY　　　　　　　　　] 60자 남음

Facebook 페이지 이름 지정 팁:

✓ 권장 사항
- 이 페이지에 대한 정보를 정확하게 표현하는 이름을 사용합니다.
- 비즈니스, 브랜드 또는 단체의 이름과 일치합니다.

✗ 금지 사항
- 다른 사람, 비즈니스 또는 단체를 사칭하여 오해를 불러일으킵니다.
- "Facebook" 단어를 변형하여 포함하거나 "공식"이란 단어를 포함합니다.
- 타인의 권리를 침해하거나 공격적인 용어 또는 문구를 사용합니다.

자세한 내용은 페이지 이름 가이드라인을 참고하세요.

　　　　　　　　　　　　　　　　　　　　　　취소　계속

(3)페이지 웹 주소(URL) 만들기

페이지만의 고유 주소를 만들 수 있다. 만들고 나서는 추후 1회에 한해 웹 주소를 변경할 수 있다. 웹 주소를 만들고 구글, 네이버, 다음, 네이트 등 포털 사이트에 등록한다.

(4)주소 및 지도 등록하기

매장을 갖고 있으며 '비즈니스 및 장소'로 페이지를 만들었을 경우 정확

한 주소 등록을 통해 지도를 등록한다. 그리고 하단에 지도 보이기와 체크인하기를 체크한다.

최초 설정은 대부분 정확하게 주소와 일치하지 않는다. 그런 경우 핀을 마우스로 찍어 매장 위치로 맞추어주어야 한다. 지도를 확대 축소하면서 매장까지 마우스로 핀을 이동해 맞추고 저장한다.

3) 설정 익히기

설정에는 개인 계정 설정과 페이지 설정이 있다. 많은 분이 혼동하는 메뉴이다. 페이지 설정 메뉴는 페이지 커버 사진 위에 있다.

- 페이지 공개와 비공개를 선택할 수 있다. 비공개를 할 경우 검색이 되지 않는다.
- 페이지 인증하기는 페이지를 인증하면 검색에서 우선 노출되며, 페이지 이름 끝에 마크가 표시된다. 전화를 통한 인증 방식과 사업자등록증을 통한 인증 방법이 있다. 페이지가 인증되면 페이지 이름 오른쪽에 둥근 인증 마크가 생성된다.

- 페이지 다운로드는 페이시 게시물, 사진, 동영상 및 기타 페이지 정보의
  사본을 다운로드할 수 있다.

- 페이지 통합하기는 관리하고 있는 같은 이름의 페이지를 통합해서 하나
  로 관리할 수 있다.
- 페이지 삭제하기는 페이지를 삭제 신청하면 14일간의 비공개 후 삭제된
  다. 14일 동안은 언제든지 복원할 수 있다.
- 알림은 메시지 외에는 *끄기*를 하는 것이 좋다. 이메일 알림의 경우 너무
  알림이 쉼 없이 오며 메일함에 잔뜩 쌓이게 된다.

페이지 설정에서 가장 중요한 것이 '페이지 역할' 설정이다. 페이지 역할은 관리자, 편집자, 댓글 관리자, 광고주, 분석자로 구성된다. 각 역할의 인원 제한은 없다.

페이지 관리자는 비상시를 대비해 필수적으로 3인 이상을 등록해 두도록 한다. 페이스북 계정의 생존율은 60~70% 정도밖에 안 되기 때문에 만약의 경우를 대비해 관리자를 다수로 관리해야 한다. 만약 1인이 페이지 관리자로 활동할 경우 개인 계정이 비활성화되면 페이지는 미아가 된다.

또한 이는 직원들 퇴사 시에 가장 중요한 인수인계 항목이다. 필자의 페이스북마케팅연구소로 상담 오는 분들 중에 페이지 관리자가 인수인계를 하지 않고 퇴사한 후 연락이 되지 않거나 이메일 해지를 하는 등으로 곤란을 겪는 사례가 빈번하다. 직원들의 인사이동 시에는 반드시 페이지 관리자 인수인계를 하여야 한다.

사람 및 다른 페이지에서는 페이지를 좋아요한 사람들을 볼 수 있다.

교차 게시는 여러 페이지에서 동영상을 공유할 수 있는데, 서로 추가한 페이지에 대해서만 사용할 수 있다.

교차 게시하려면 페이지를 추가하세요

교차 게시를 이용하면 여러 페이지에 동영상을 공유할 수 있습니다. 서로 추가한 페이지끼리만 교차 게시할 수 있으며 교차 게시할 동영상을 직접 관리할 수 있습니다. 교차 게시 파트너가 페이지에 회원님의 동영상을 교차 게시하면 해당 페이지에서 게시물에 대한 동영상 인사이트를 볼 수 있습니다.

여기에서 페이지를 추가하거나 삭제하여 교차 게시 파트너를 관리하세요. 더 알아보기

페이지 추가   페이지 이름 또는 Facebook URL을 입력하세요

지원 관련 메시지함은 페이스북에 문의한 내용에 대한 답변을 확인할 수 있는 곳이다. 이메일로도 발송된다.

페이지 지원 관련 메시지함
여기에서 **페마스쿨**에 대한 지원 요청의 상태를 확인하실 수 있습니다.
문의 사항이 있으신가요? 고객 센터를 확인하세요.

활동 로그에서는 페이지에 있는 모든 활동을 확인할 수 있다.

4)인사이트 보기

페이지 운영자에게는 해당 페이지에서 사람들이 활동한 내역에 대한 페이지 인사이트가 제공된다. 좋아요 팬 통계, 게시물 도달 통계 등이 기본적으로 제공되며 사본을 다운로드할 수도 있다.

 인사이트 최신 기능 중에서 매장 사업자를 위한 매장 주변 비즈니스 통계
를 제공한다.

 매장 주변 페이스북 유저들의 활동과 인구 통계 정보와 광고 성과를 제공
하여 준다.

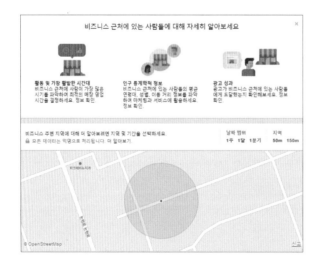

5)페이지 마케팅 글쓰기

(1)페이지 콘텐츠 글쓰기

첫째, 키워드형 글쓰기를 하라.

페이스북이 게시물 검색을 본격 시작하여 페이지에서 내 사업의 키워드가 들어간 키워드를 포함한 글쓰기를 하여야 내 글이 많은 사람에게 검색되어 노출될 수 있다.

둘째, 질문형과 참여형 글쓰기를 하라.

팬들이 참여할 수 있는 질문형, 참여 유도형, 초청형 글쓰기를 하여야 한다. 조사한 바에 의하면 '좋아요'를 눌러주기를 부탁한 게시물에는 3배 높은 좋아요 클릭률을 보이며, '댓글'을 달아달라고 부탁한 게시물에는 3.3배 더 많은 댓글이 달리고, '공유하기'를 부탁한 게시물에는 7배 높은 공유율이 나온다고 한다.

댓글에 @친구 소환은 태그된 친구들을 게시물로 불러오고, 많은 도달과
노출을 하게 하며, 게시물에 댓글에 대하여 지속적인 알림이 간다. 실제로
페마스쿨 수업 중 참여형으로 글쓰기로 바꾸기만 하였는데 팬들의 참여가
폭발적으로 늘어난 사례가 있다.

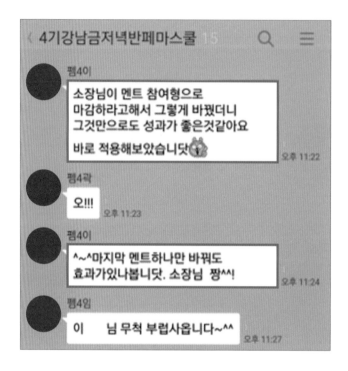

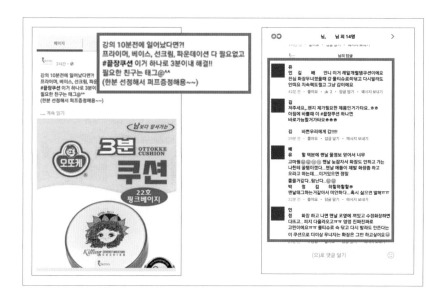

셋째, 이모티콘을 활용한 글쓰기를 하라.

적절한 이모티콘을 활용해 글쓰기를 하면 많은 사람의 참여를 높일 수 있다. 페이스북 이모티콘을 다운받을 수 있는 웹사이트 주소는 https://kr.piliapp.com/facebook-symbols/ 이다.

1. 원하는 아이콘을 클릭한다.

2. 복사한다.

3. 페이스북에 붙여넣는다.

4. 게시!

넷째, 해시태그를 활용한 글쓰기를 하라.

#해시태그를 30개까지 입력하여 메모장에 저장해둔 것을 복사해 붙여넣기를 하자. 해시태그는 2가지 용도로 사용된다. 게시글 본문 중에 사용하면 강조형으로 사용되며, 하단에는 색인용으로 사용할 수 있다.

(2) 게시글 예약하기

페이지에는 게시글 예약 기능이 있다. 페이지 도달률을 결정짓는 요인 중하나가 포스팅 시간이다. 페이스북 유저가 가장 많이 활동하는 시간에 포스팅을 하여야 도달률이 올라간다. 이러한 경우 예약 기능이 유용하다. 사업종류마다 최적의 포스팅 시간을 찾아야 한다.

포스팅하기에 최적의 시간은 낮보다 밤이 좋고, 가장 바쁘기 1시간 전이좋다. 왜냐하면 포스팅은 도달 알고리즘에 의해 점진적으로 확산되는 구조이기 때문이다. 오전 출근 시간 1시간 전, 점심시간 1시간 전, 퇴근 시간 1시간 전 그리고 취침 전 10~11시경이 좋다. 이러한 시간을 정해 예약하면 편리하고 더 많은 도달률을 올릴 수 있다.

(3)게시글 복사해서 보내기

페이지 게시물을 여기저기에서 홍보하거나 다른 사람에게 보낼 때 게시물 링크를 복사해서 보내면 유용하다. 페이지 게시물 링크 확인은 게시물 위쪽 게시 시간에 마우스를 대고 오른쪽 버튼을 누르면 '링크 주소 복사'가 나온다.

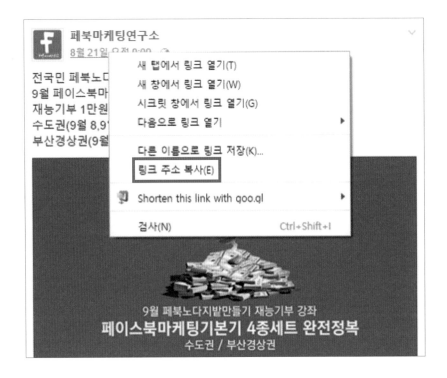

(4)게시글 관리하기

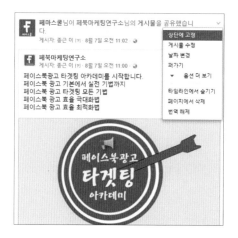

- 상단 게시물 고정을 하면 페이지를 방문하는 사람들에게 좋은 첫인상을 남길 수 있다. 페이지가 살아 있고, 관리자가 운영을 잘한다는 인상을 준다. 상단 게시물은 좋아요와 댓글이 많은 게시물이 좋다. 또한 이벤트나 광고하는 게시물을 상단 게시물로 고정해놓으면 좋다.
- 게시물 수정은 게시물 오타나 내용 변경 시 사용한다. 개인 계정에서는 게시물뿐만 아니라 사진까지도 수정이 가능하나, 페이지에서는 사진은 수정이 되지 않으며 게시글만 수정이 가능하다.
- 타임라인에서 숨기기는 삭제하지 않고 페이지 타임라인에서 숨기기로 감추는 경우 사용한다.

(5)댓글 관리하기

페이지 댓글은 숨기기를 하고 댓글 삭제, 신고하기, 차단을 할 수 있다. 모바일에서는 해당 댓글을 길게 누르면 바로 삭제할 수 있다.

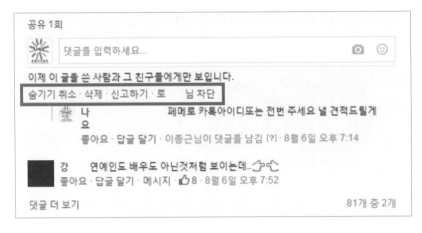

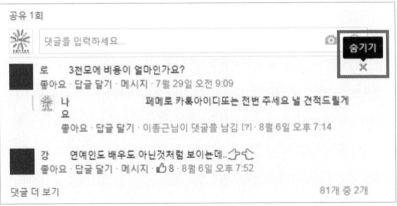

(6)쿠폰 만들기

페이스북 마케팅에서 페이지 쿠폰 기능은 매우 중요하다. 다양한 쿠폰을 만들어 고객을 확보할 수 있다. 쿠폰은 온라인용과 오프라인용으로 만들 수 있으며, 퍼센트 할인, 원 할인, 1+1 등으로 할인 방법을 정할 수 있다. 쿠폰 이미지도 한 장에서 여러 장 슬라이드형으로 제작할 수 있다.

(7) 이벤트 만들기

페이지 이벤트를 만들어 페이지 팬들을 참여시킬 수도 있고, 광고를 통해
많은 사람을 이벤트에 초대할 수도 있다.

(8)마일스톤(기념일) 만들기

회사의 창립일이나 기념일에 중요한 이벤트를 만들 수 있다.

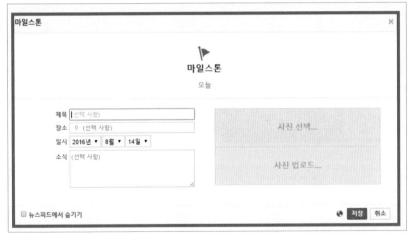

6)페이지 키우기

(1)페친들을 초대하라

페친들을 페이지로 초대해 좋아요 요청을 보낼 수 있다. 다만 이는 페친이라는 관계와 신뢰 속에서 가능하다. 페친들과 소통 없이 초대하면 반응이 없지만 활동이 많으면 페이지 팬 전환률이 상당히 높다. 페이지로 친구 초대는 모바일에서 하는 것이 쉽고 빠르고 편리하다. 페이지 메인 화면에서 '더 보기'로 가서 '친구 초대'를 누른다. 여기에서 페친들을 초대하면 된다.

(2) '좋아요' 한 사람들을 초대하라

페이지 게시물을 포스팅하면 많은 사람이 좋아요를 눌렀을 경우 또는 광고 후에 좋아요가 많을 때 사용하면 효과가 좋다. 페이지 게시물에 참여한 사람들을 초대하면 페이지 팬 전환율이 높다.

그 방법으로는 하단에 '좋아요' 한 숫자를 누른다.

'초대' 버튼은 이 페이지의 팬이 아니지만 이 페이지 게시물을 좋아요한 사람들만 뜬다. 이 사람들은 이 페이지에 대해 이미 인지하고 있고 호감을 갖고 있기 때문에 초대를 하면 수락률이 높다.

(3)페이지를 공유하라

페이스북에서 공유하기는 2가지 종류가 있다. 페이지 공유하기와 게시물 공유하기이다. 페이지 공유하기를 하면 페이지 대표 섬네일이 만들어진다. 내 타임라인과 페친 타임라인, 그룹 등에 페이지 공유를 하면 관심 있는 팬들을 모을 수 있다.

(4)홍보 그룹에서 활용하라

그룹에는 서로 페이지 좋아요를 눌러주는 품앗이, 홍보 그룹이 많다. 이러한 그룹에 가입하여 서로 페이지를 공유하여 인기를 높일 수 있다.

(5)페이지 이름으로 활동하라

페이지 이름으로 큰 페이지, 타깃 페이지(지역, 주제 등)에서 좋아요, 댓글을 달면 홍보와 페이지 유입 효과를 많이 얻을 수 있다.

먼저 원하는 페이지로 이동한다. 게시물 하단에 있는 좋아요, 댓글, 공유하기 우측에 보면 내 이름으로 좋아요와 댓글 달기를 할지, 페이지 이름으로 좋아요와 댓글 달기를 할지 선택할 수 있다.

(6)포털 사이트에 페이지를 등록하라

구글, 네이버, 다음 사이트에서 페이지를 등록하면 검색을 통해 페이지를

홍보하고 키울 수 있다.

7) 페이지 콘텐츠 만들기

온라인 마케팅의 콘텐츠는 키워드와 글에 의해 좌우된다. 반면에 페이스북 콘텐츠는 이미지 기법에 좌우된다. 대충 찍어서는 '좋아요'를 하나도 받을 수 없다. 더 받으려면 이미지 기법으로 유저들의 눈을 사로잡아야 한다. 좋은 사진을 올리는 것은 고객들에 대한 책임이자 의무이며 예의이다.

어디에서 내려받은 것, 사진 찍은 상태 그대로 올리는 것은 마케팅을 말아먹게 한다. 지금은 정말 좋은 시대이다. 사진 편집 관련 앱이 지천에 있다. 그러므로 조금만 여유를 갖고 사진을 편집하여 올려서 고객에 대한 예의를 갖추자.

페이지는 미디어 콘텐츠로 먹고산다. 페이지 콘텐츠는 메인 콘텐츠를 70~80% 포스팅하고, 서브 콘텐츠(유머, 시사, 퀴즈 등)를 사용해서 다양화하는 것이 좋다. 직원들이 일하는 모습을 올리는 것도 좋다.

(1) 댓글을 유도하라

페이지 알고리즘 인게이지 지수에 좋은 것이 댓글 유도 글이다.

(2) 감성적인 이미지를 사용하라

손 글씨 등의 이미지를 사용하면 감성적 효과가 나온다. 디지털 시대에는 아날로그적 감성이 사람들의 마음을 움직인다.

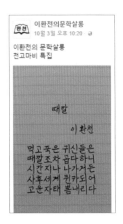

(3)스토리를 더하라

단순한 이미지 나열보다 이미지마다 설명을 만들어 스토리를 구성해 사용하면 많은 사람이 참여하게 된다.

(4)사물을 의인화하라

상품을 소개할 때 유용하게 쓸 수 있는 방법이다.

(5)웹툰을 사용하라

웹툰은 고객들이 쉽게 다가올 수 있는 콘텐츠이다. 또한 내 사업과 상품을 고객들 입장에서 설명하고 납득시킬 수 있는 기법이다.

8)페이지 이미지 콘텐츠 기법

페이지는 정교한 이미지 표출 시스템이 내장돼 있다. 페이지의 이미지 표출 방식을 이해해야 한다. 페이지는 개인 계정과 그룹과는 다른 이미지 방식을 취한다. 페이지 이미지 기법을 사용하면 고객들의 눈을 사로잡아서 반응하는 클릭률이 20~30% 증가한다.

(1)18가지 이미지 표출 방식

페이지 이미지 표출 방식은 기본적으로 크게 정사각형, 가로 직사각형, 세로 직사각형 레이아웃과 이미지 개수와의 조합에 따라 총 9가지 유형으로 표현된다. 이미지 표출 방식을 결정하는 것은 첫 이미지 유형이다. 첫 이미지 유형에 따라 9가지 유형으로 이미지를 노출할 수 있다.

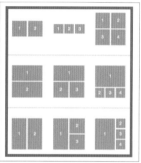

9가지 이미지 표출 시스템은 크게 2가지로 편집해 사용할 수 있다. 바로 콜라주 기법과 크롭 기법이다. 콜라주 기법은 부분을 전체로 조화시키는 기법이고, 크롭 기법은 전체를 부분으로 만드는 기법이다. 총 9가지 이미지 표출 시스템에 콜라주 기법과 크롭 기법을 적용하면 총 18가지 이미지 기법을 사용할 수 있다.

페이지 이미지의 다양한 기법을 잘 활용한 사례를 살펴보자.

이미지 편집 방식

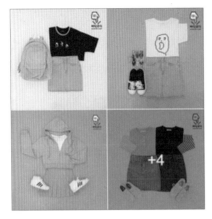

콜라주 기법

크롭 기법

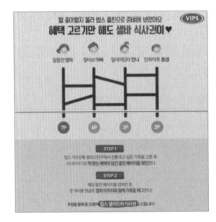

2단 가로 직사각형

2단 세로 직사각형

3단 조합

카드뉴스 기법

4단 정사각형 콜라주 기법

4단 정사각형 크롭 기법

(2)슬라이드 이미지 기법

페이지 슬라이드 이미지 기법은 링크와 함께 정사각형 2장 이상의 조합으로 이루어진다. 이 기법은 다양한 제품 나열과 이미지를 통한 스토리텔링과 파노라마식의 이미지 연출로 표현할 수 있다.

스토리텔링 광고
이미지를 연속적으로 표시하여 매력적인
스토리를 전달할 수 있습니다.

단계별 설명
단계별 설명을 통해 비즈니스의 이점을
소개합니다.

시즌별 크리에이티브
시즌을 반영하는 제품으로 변경하면서
일관된 분위기를 조성하세요.

다양한 제품 표시
고객에게 다양한 옵션을 제공하고
클릭률을 늘릴 수 있습니다.

다양한 특징을 소개
다양한 관점과 정보를 제공하여 제품에
대한 고객의 이해도를 높일 수 있습니다.

넉넉한 광고 공간
프레임 전체에 하나의 큰 이미지를
표시하여 몰입도 있는 광고 경험을
제공할 수 있습니다.

페이지 슬라이드를 만드는 방법은 사진 동영상을 누르고 '슬라이드 만들기'를 누른다. 그리고 이미지를 눌렀을 때 랜딩시킬 URL을 입력한다.

이미지는 정사각형 2장 이상으로 준비한다. 다음으로 미리 편집해둔 이미지를 차례대로 올려준다.

(3)페이지 슬라이드 쇼 기법

슬라이드 쇼는 일명 '움짤' GIF 형식을 말한다. 페이스북은 GIF 화일을 업로드할 수 없다. 페이지 슬라이드 쇼 만들기를 통해 움짤을 만들 수 있다. 슬라이드 쇼에 여러 이미지, 문구, 소리를 추가할 수 있다. 슬라이드 쇼 동영상은 일반 동영상과 마찬가지로 스마트폰, 태블릿, 컴퓨터에서 재생할 수 있다.

슬라이드 쇼는 화면 비율을 정사각형과 직사각형으로 만들 수 있으며 재생 시간과 전환 효과와 음악을 선택할 수 있다.

(4)캔버스 기법

캔버스는 모바일에 최적화된 형식으로 이미지, 동영상, 텍스트 및 링크를 포함하는 이미지 기법이다. 클릭하면 전체 화면으로 표시된다.

캔버스 기법에 대한 자세한 설명은 https://canvas.facebook.com을 참조하라.

사진 동영상에서 '캔버스 만들기'를 선택한다.

이미 만들어놓은 캔버스가 있다면 선택하고, 없으면 +를 선택한다. 캔버
스 생성 도구를 통해 캔버스를 만든다.

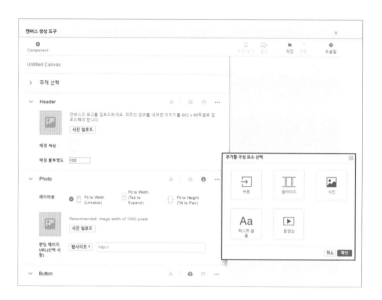

그룹 운영부터
광고까지

9
페마스쿨 9단계
그룹 운영하기

그룹은 지역, 취미, 동호회 등 커뮤니티 성격으로 운영된다. 최근에는 페이스북이 그룹에 판매 기능을 도입하여 판매 그룹이 생성되었다. 이제 페이스북에서도 기존의 온라인 쇼핑몰을 대체할 만한 무대가 마련된 것이다. 미국의 경우 고객이 카드를 등록하여 직접 상품을 구입할 수 있다.

페이스북 온라인 쇼핑몰은 보안 프로그램 설치 없이 간단하게 쇼핑할 수 있다. 또한 아직은 페이스북이 판매 수수료 정책이 없어 판매자들에게는 절호의 기회이다. 한국의 사업자들도 그룹 시대를 준비하여야 한다.

프로필	페이지	그룹	광고
나 브랜딩 관계 신뢰 마케팅	기업 브랜딩 콘텐츠 마케팅	커뮤니티 쇼핑몰 마케팅	타깃팅 구매 전환 마케팅

1) 그룹 만들기

그룹을 만드는 방법은 간단하다. 그룹의 이름을 입력한다. 그룹의 이름은 회원 5,000명까지는 얼마든지 변경이 가능하다. 그러나 회원 5,000명이 넘으면 그룹 이름 변경이 안 된다. 그룹이 생성되려면 최소 2명의 회원이 있어야 한다. 페친의 이름 2명을 회원으로 추가 지정하면 된다.

그룹은 공개 그룹, 비공개 그룹, 비밀 그룹 3가지로 공개 범위를 설정할 수 있다. 주의할 점은 회원 5,000명까지는 얼마든지 공개 범위를 변경할 수 있지만, 회원 5,000명 이상이 되면 공개 범위가 공개 그룹 => 비공개 그룹 => 비밀 그룹으로 변경은 되지만, 비밀 그룹 => 비공개 그룹 => 공개 그룹으로의 공개 범위 변경은 안 된다.

그룹은 그룹 커버 사진은 있지만 그룹 프로필 사진은 없다. 그룹 아이콘을 선택해야 한다.

2) 그룹 키우기

그룹을 키우는 방법은 내 페친들을 그룹에 추가하는 것이다. 페친들을 그룹에 추가하면 즉시 그룹의 회원이 된다. 그룹의 재미난 기능 중의 하나이지만 때로 페친의 반발을 감수해야 한다.

그룹에 페친을 추가하는 방법은 모바일에서 하는 것이 쉽다. 그룹에 들어가 '멤버 추가'를 누른다. 그리고 추가하려는 페친들을 체크하고 추가하면 된다. 그룹에 회원 추가는 1회에 45~50명이 가능하므로 계속 반복하면 된다.

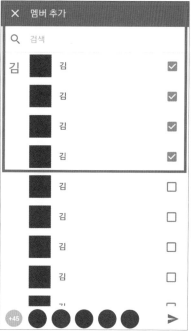

3)그룹 게시글 올리기

그룹에 게시하는 방법은 판매 게시물 올리기, 토론(홍보) 게시물 올리기, 설문 만들기가 있다. 먼저 판매 게시물 올리는 방법은 상품명, 가격, 상품 설명, 상품 이미지를 올린다.

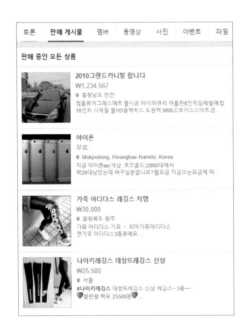

설문 만들기는 회원들의 의견을 정리하기 위해서 투표에 참여시키는 방법이다.

4) 그룹 관리하기

그룹의 회원 등급은 댓글 관리자와 관리자로 지정할 수 있다.

관리자와 댓글 관리자의 역할은 다음 표를 참조하자.

	운영자	댓글 관리자
다른 멤버를 관리자 또는 댓글 관리자로 지정	✔	
관리자 또는 댓글 관리자 삭제	✔	
그룹 설정 관리(예: 그룹 이름, 커버 사진 또는 공개 범위 설정 변경)	✔	
멤버십 요청 승인 또는 거부	✔	✔
그룹의 게시물 승인 또는 거부	✔	✔
게시물 및 게시물의 댓글 삭제	✔	✔
그룹에서 멤버 삭제 또는 차단	✔	✔
게시물 고정 또는 고정 취소	✔	✔
지원 관련 메시지함 보기	✔	✔

그룹 설정 관리에서 그룹의 유형을 변경할 수 있다. 다양한 그룹 유형으로 변경할 수 있다. 얼마든지 변경이 가능하다.

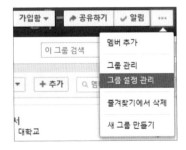

그룹 유형 선택   ☒

- ⦿ 🏪 **판매/구매**
  그룹에 기능을 추가합니다
- ○ 🏘 이웃
- ○ 🤝 지지/응원

- ○ 🏞 친한 친구
- ○ 👨‍👩‍👧 부모
- ○ 🚩 팀

- ○ 🏠 클럽
- ○ 🗂 프로젝트
- ○ 🧳 여행

- ○ 📋 이벤트, 계획
- ○ 🚌 학교, 수업
- ○ ⚙ 직접 설정

- ○ 💜 가족
- ○ 📚 스터디 그룹

취소 **확인**

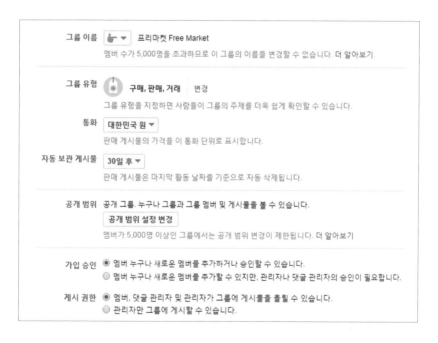

그룹 이름 👉 ▾ 프리마켓 Free Market
멤버 수가 5,000명을 초과하므로 이 그룹의 이름을 변경할 수 없습니다. 더 알아보기.

그룹 유형 🏪 **구매, 판매, 거래** | 변경
그룹 유형을 지정하면 사람들이 그룹의 주제를 더욱 쉽게 확인할 수 있습니다.

통화 대한민국 원 ▾
판매 게시물의 가격을 이 통화 단위로 표시합니다.

자동 보관 게시물 30일 후 ▾
판매 게시물은 마지막 활동 날짜를 기준으로 자동 삭제됩니다.

공개 범위 공개 그룹. 누구나 그룹과 그룹 멤버 및 게시물을 볼 수 있습니다.
공개 범위 설정 변경
멤버가 5,000명 이상인 그룹에서는 공개 범위 변경이 제한됩니다. 더 알아보기

가입 승인 ⦿ 멤버 누구나 새로운 멤버를 추가하거나 승인할 수 있습니다.
○ 멤버 누구나 새로운 멤버를 추가할 수 있지만, 관리자나 댓글 관리자의 승인이 필요합니다.

게시 권한 ⦿ 멤버, 댓글 관리자 및 관리자가 그룹에 게시물을 올릴 수 있습니다.
○ 관리자만 그룹에 게시할 수 있습니다.

그룹 설정 관리에서 할 수 있는 것들

- 그룹 이름, 그룹 유형, 공개 범위 설정을 변경할 수 있다. 단 회원 5,000명
  이 넘으면 변경이 안 된다는 점을 주의해야 한다.
- 통화는 판매 그룹에서 금액 입력 시 표시되는 통화이다.
- 가입 승인은 회원 가입 승인에 대한 권한 설정으로 '멤버 누구나 새로운
  멤버를 추가하거나 승인할 수 있습니다'를 선택한다.
- 그룹의 웹 주소(URL)와 그룹의 이메일을 생성할 수 있다.
- 그룹 소개와 태그를 입력한다.
- 게시 권한과 게시물 승인 권한을 설정할 수 있다. 되도록 관리자나 댓글
  관리자의 승인을 통해 게시되도록 하는 것이 좋다.

10
페마스쿨 10단계
광고 만들기

　페이스북 마케팅의 정점은 페이스북 광고이다. 페이스북 광고는 추수하는 타작 기계와 같다. 프로필, 페이지를 통한 콘텐츠 마케팅의 마지막 수확은 페이스북 광고를 통하여 완성된다. 마케팅의 목적이 매출 극대화라고 한다면 페이스북은 매출 극대화를 이루게 해주는 최고의 타작 기계이다.

프로필	페이지	그룹	광고
나 브랜딩 관계 신뢰 마케팅	기업 브랜딩 콘텐츠 마케팅	커뮤니티 쇼핑몰 마케팅	타깃팅 구매 전환 마케팅

　페이스북 광고 시스템은 최고의 마케팅 무기이다. 페이스북 광고는 토마호크 크루즈 미사일에 비유할 수 있다. 최고의 명중률과 파괴력을 가진 토

마호크 순항 미사일은 발사되면 GPS 항법 장치에 의해 입력된 목표 타깃을 정확히 명중 타격한다. 이처럼 페이스북 광고는 고도의 정밀한 타깃팅 항법 장치 시스템을 탑재하고 있다. 페이스북의 타깃을 찾아가는 기술은 예술이며, 경이롭기까지 하다.

1) 페이스북 광고 정책

페이스북 광고는 보수적이다. 페이스북은 광고 정책을 엄격히 적용한다. (참고 : https://www.facebook.com/policies/ads)

페이스북은 광고를 게재하기 전에 페이스북 광고 정책 준수 여부를 검토한다. 대부분의 광고는 즉시 승인되기도 하지만 24시간 이내 또는 더 오래 걸리는 경우도 있다.

광고가 비승인되는 원인에는 크게 4가지가 있다. 이미지 내 텍스트가 20%가 넘거나, 광고 내에 페이스북을 언급하지 않거나 연령 기준 제한 문제에 걸리거나 금지된 콘텐츠를 사용하는 경우 등이다.

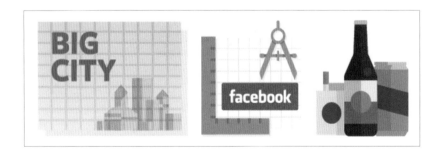

(1) 이미지 내 텍스트 20%

페이스북 광고에는 텍스트가 20% 넘게 포함된 이미지를 사용할 수 없다. 이 규정은 최근 페이스북이 완화하여 승인을 해주기도 하지만 여전히 강하게 적용하는 기준이다. 텍스트가 20% 넘는 이미지일 경우에는 광고 승인은 해주지만 광고 도달률에 패널티를 준다.

이미지 내 텍스트를 최대한 줄이면 페이스북과 인스타그램에서 콘텐츠 주목도를 높이면서도 고품질인 콘텐츠만 표시할 수 있기 때문이다. 이 가이드 라인은 동영상 섬네일을 포함한 모든 광고에 적용된다.

그리드 도구를 사용하여 광고 이미지가 이 정책 요건을 충족하는지 확인할 수 있다.

(참고 : https://www.facebook.com/ads/tools/text_overlay)

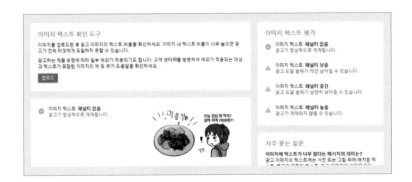

텍스트 비율에 따른 패널티 적용

- 이미지 텍스트 : 패널티 없음

광고가 정상적으로 게재된다.

- 이미지 텍스트 : 패널티 낮음

광고 도달 범위가 약간 낮아질 수 있다.

– 이미지 텍스트 : 패널티 중간

광고 도달 범위가 상당히 낮아질 수 있다.

– 이미지 텍스트 : 패널티 높음

광고가 게재되지 않을 수 있다.

(2)페이스북 언급 및 공식 로고 사용

무척 까다롭고 예민하게 반응하는 것이 이 광고 규정이다.

필수 사항

– 'Facebook'이라는 표현을 쓸 때 'F'를 대문자로 표기해야 한다.

– 'Facebook'이라는 단어를 주변 콘텐츠와 동일한 글꼴 크기와 스타일로
표시해야 한다.

금지 사항

- 'Facebook'이라는 단어 대신 Facebook 로고를 사용하지 않아야 한다.
- 'Facebook'을 복수형으로 사용하거나, 동사로 사용하거나, 줄여서 표기하지 않아야 한다.
- 광고용 이미지에 Facebook 로고를 변형하여 사용하지 않아야 한다.

이 광고는 페이스북 광고 로고를 사용해 규정 위반으로 중단되었다.

(3)연령 적용 기준

미성년 고객에게 부적절한 사진이나 메시지를 노출할 수 있는 광고는 승인되지 않는다. 예를 들어 주류 광고의 경우 타깃팅 국가/지역의 관련 법률에 따른 연령 제한 기준을 포함하는 가이드 라인을 준수해야 한다.

(4)금지된 콘텐츠

- 성인물. 나체, 음란하거나 외설적인 자세 묘사, 과도하게 외설적이거나 성적으로 자극적인 활동이 포함된 이미지

예술적이거나 교육적인 목적을 가진 경우에도 과도하게 성적이거나, 나체를 암시하거나, 피부나 가슴골을 높은 수위로 노출하거나, 불필요하게 신체 부위에 초점을 맞춘 이미지를 이용해서는 안 됩니다.

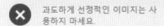

과도하게 선정적인 이미지는 사용하지 마세요.

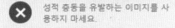

성적 충동을 유발하는 이미지를 사용하지 마세요.

- 충격적이거나 선정적이거나 외설적이거나 과도한 폭력을 묘사하는 콘
  텐츠

공포, 유혈, 자극적 이미지는 충격을 주거나 부정적인 반응을 유발할 수 있으므로 금지됩니다.

 충격 또는 불안감을 주는 이미지를 사용하지 마세요.

 폭력적이거나 호전적인 이미지를 사용하지 마세요.

- 개인의 특성을 주장하거나 암시하는 콘텐츠. 인종, 민족, 종교, 신념, 나이,
  성적 정체성 또는 관습, 성별, 신체적 장애, (육체적 또는 정신적) 질병에 기
  반을 두고 직접적 또는 간접적으로 타인을 공격하거나 암시하는 콘텐츠

사용자의 개인적인 특성을 언급하면 안 됩니다. "회원님 외에 또 다른, 회원님과 같은" 등 단어 사용도 승인 거부 사유가 될 수 있습니다.

 지금 흑인 남성을 만나보세요.
기독교 여성을 만나보세요.
맞춤 티셔츠를 둘러보세요.

이 문장에서는 각 개인이 아니라 서비스나 제품을 설명합니다.

 또 다른 흑인 솔로를 찾아보세요.
기독교인이세요?
철수님, 이 셔츠는 어떠신가요?

광고를 보는 사람의 인종, 종교 또는 이름을 주장하거나 암시하는 문장을 사용하지 마세요.

- 존재하지 않는 기능을 보여주는 이미지

이미지에 동영상 기능을 암시하는 "재생" 버튼 또는 실제로 닫히지 않는 "닫기" 버튼과 같이 존재하지 않는 기능을 표시하면 안 됩니다.

 이미지의 버튼은 광고를 클릭했을 때 실행되는 동작을 정확히 반영해야 합니다.

❌ "재생" 버튼처럼 혼동을 주는 요소가 포함된 이미지를 사용하지 마세요.

- '비포 앤 애프터' 이미지. 기대할 수 없거나 비현실적인 결과를 나타내는
  이미지

"이상적인" 신체 또는 신체 부위를 강조하는 이미지 또는 "비포 앤 애프터 이미지"와 같이 기대할 수 없거나 비현실적인 결과를 나타내는 이미지는 금지됩니다.

 이 이미지는 신체적인 특성보다는 건강한 습관에 중점을 둡니다.

 "비포 앤 애프터" 이미지를 사용하지 마세요.

2) 광고 인터페이스

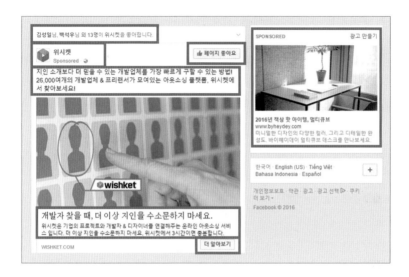

- 페이스북 광고는 내 페친 중에서 이 광고를 좋아요한 페친의 이름으로 광고를 보여준다. 광고 심리학적으로 최적화된 광고 전달 기법이라 할 수 있다.
- 페이스북 광고는 페이지 이름으로 집행된다.
- 페이스북 광고는 기본적으로 페이지 좋아요 버튼을 생성해줌으로써 자연스럽게 페이지 팬이 되도록 유도한다.
- 광고 본문은 광고에 대한 설명으로 광고 이미지 상단에 노출된다.
- 광고 제목은 광고 이미지 하단에 노출된다.
- 행동 유도 버튼은 광고에 관심 있는 사람들이 참여하게 한다.
- 오른쪽 배너 광고

3)광고 결제 카드 등록

일반적으로 페이스북 광고 결제 수단에는 신용카드 또는 체크카드, Paypal, 페이스북 쿠폰 등이 있다. 신용(체크)카드는 국제카드인 비자, 마스터, 아멕스, 디스커버만 사용할 수 있다.

결제 통화는 현지통화(USD)로 하는 것이 좋다. 원화(KRW)로 결제하는 경우에는 수수료가 2~5% 정도 더 나온다.

신용(체크)카드를 등록하면 카드 승인을 위해 1달러가 결제되었다가 다시 입금된다. 종종 오해하여 광고를 집행하지 않았는데 페이스북이 돈을 빼갔다고 오해하는 경우도 있다.

4)광고 설계하기

미사일 발사 원리처럼 무기(광고 콘텐츠)를 정하였다면, 발사 시간(광고 노출 시간)을 정하여 진행하면 된다.

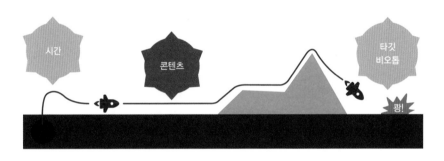

타깃	
콘텐츠	
시간	

5)광고 구조

(1)단계에 따른 광고 구조

캠페인은 페이스북 광고 구조를 구성하는 단계 중 하나로, 광고의 목표를 말한다. 전체 광고 구조는 캠페인 〉광고 세트 〉광고 단계로 구성된다. 캠페인은 광고의 목표로 구성되어 있다.

광고 세트에는 타깃과 예산 및 일정을 설정한다. 광고 세트 내에서는 동일한 대상을 타깃팅하여 다깃 세분화로 광고 세트를 만들 수 있다. 광고 세트를 구성함으로써 각 타깃에 지출되는 금액을 조절하고, 타깃별로 광고를 표시할 시점을 결정하며, 타깃별 지표를 확인하는 데 도움이 된다.

광고에는 크리에이티브(예 : 광고에 사용되는 이미지와 문구)가 포함된다.

광고 구조에서 캠페인은 컴퓨터 이름으로, 광고 세트는 폴더로, 광고는 파일로 이해하면 도움이 된다. 페이스북 광고에서는 광고 세트 구성이 제일 중요하다.

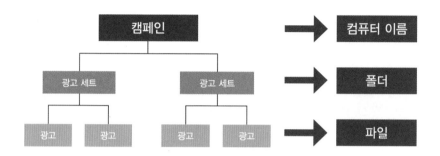

(2)목표에 따른 광고 구분

최근 페이스북은 광고를 목표에 따라 12종 광고 캠페인을 인지도, 관심, 전환으로 3단계로 세분화하였다. 브랜드 인지도를 높이는 광고는 게시물 홍보하기, 페이지 홍보하기, 브랜드 인지도 높이기로 분류하였고, 관심을 유도하는 광고는 웹사이트 방문자 수 높이기, 앱 설치 늘리기, 이벤트 참여도 높이기, 동영상 조회 수 높이기, 비즈니스에 맞는 잠재고객 확보, 전환형 광고에는 웹사이트 전환 늘리기, 앱 참여 늘리기, 쿠폰 발급 높이기, 제품 카탈로그 홍보로 구분하였다.

(3)광고 게시물 유형에 따른 광고 구분

게시물형 광고와 비게시물형 광고로 구분할 수 있다. 게시물형 광고는 페이지에 게시물로 존재하는 광고이다. 반면에 비게시물형 광고는 비공개 게시물 광고로 페이지 게시물로 존재하지 않으며, 광고 시스템에서만 광고로 존재하는, 일명 휘발성 광고이다.

게시물형 광고 (페이지 게시물 광고)	비게시물형 광고 (휘발성 광고) (비공개 광고)

게시물형 광고와 비게시물형 광고는 광고 만드는 단계에서 캠페인, 광고 세트까지는 동일하나, 마지막 광고를 만드는 단계에서 분리된다. 게시물형 광고는 단순히 광고할 페이지 게시물을 선택하면 되지만, 비게시물형 광고는 별도로 만들어놓은 광고 이미지와 문구를 입력해야 한다.

6)게시물 홍보하기

게시물형 광고의 대표적인 페이지 게시물을 홍보해보자.

(1) 캠페인

게시물 홍보하기를 누르면 캠페인 이름을 입력하는 창이 뜬다.

항상 캠페인 이름을 광고하는 목표를 넣어 수정하는 습관을 갖도록 한다. 이후에 수정도 가능하다.

(2)광고 세트

광고 세트 단계에서는 타깃, 노출 위치, 예산과 일정을 설정한다.

타깃의 종류와 설정 방법

타깃에는 인구 통계 타깃(코어 타깃), 관심사 타깃, 맞춤 타깃, 유사 타깃 4
종류가 있다.

> **코어 타깃**(인구 통계 타깃, Core Audience)
> 지역/나이/성별/언어

> **관심사 타깃**(Interests Audience)

> **맞춤 타깃**(Custom Audience)
> H.P./Email/웹사이트 방문자/동영상/잠재고객/앱 참여

> **유사 타깃**(Lookalike Audience)

인구 통계 타깃

위치 설정하는 방법을 알아보자.

페이스북은 가입된 거주 지역 정보와 모바일 GPS 실시간 위치 기반 정보
에 근거해 광고를 노출해준다. 페이스북은 유저가 휴대폰에서 위치 서비스
를 활성화한 경우 위치 정보를 활용하여 광고를 보여준다.

위치 타깃은 2가지로 설정할 수 있다. 행정 구역상 위치 설정과 특정 지역
위치 설정이다.

서울을 입력하면 서울이 2개 나온다. 하단에 '서울특별시, 대한민국'을 선택하면 다음과 같이 서울 전체 행정 구역이 타깃 영역으로 잡힌다.

반면에 '서울. 서울특별시, 대한민국'을 선택하면 다음과 같이 특정 지역을 거리를 설정해서 타깃 영역으로 지정할 수 있다.

위치 타깃을 설정하려면 거리 세팅과 핀 설정하는 방법을 익혀야 한다. 거리는 최초 40km로 세팅되어 있다. 핀 설정을 1회 하면 최소 16km까지 설정되며, 핀 설정을 1회 더하면 최소 1km부터 설정이 가능하게 된다. 설정된 핀을 제거하는 방법은 핀 오른쪽 역삼각형을 누르면 된다.

연령, 성별, 언어 타깃 설정하는 방법을 알아보자.

원하는 타깃의 연령과 성별을 선택하고, 페이스북 언어를 통해 내국인과 외국인을 타깃팅할 수 있다. 언어는 다중으로 선택할 수 있다.

관심사 타깃

관심사 타깃은 상세 타깃팅에서 설정할 수 있다. 상세 타깃팅은 페이스북의 타깃팅 중 가장 심도 있는 타깃팅 기반이다. 페이스북 유저의 정보(인구통계학적 특성)와 활동(관심사 및 행동)을 기반으로 빅데이타화된 타깃팅이다. 페이스북 내의 정보와 활동뿐만 아니라 온라인 및 모바일상의 활동 정보, 더 나아가 오프라인상의 활동까지 포함하는 빅데이터이다.

주의할 점은 특정 키워드를 입력하였을 때 페이스북이 분류한 의미를 정확하게 파악해야 한다는 것이다. 키워드에 마우스를 가져가면 나오는 오른쪽의 분류 설명을 읽어야 한다.

상세 타게팅 ⓘ	다음 중 하나 이상과 일치하는 사람 포함 ⓘ		
	인구 통계학적 특성, 관심사 또는 행동 추가	추천 | 찾아보기	
	▶ 인구 통계학적 특성		ⓘ
	▶ 관심사		ⓘ
연결 관계 ⓘ	▶ 행동		ⓘ
	▶ 추가 카테고리		ⓘ
	이 타겟 저장		

맞춤 타깃과 유사 타깃

맞춤 타깃과 유사 타깃은 페이스북 광고 타깃팅의 백미라 할 수 있다.

맞춤 타깃은 고객 리스트(이메일, 핸드폰 번호), 웹사이트 트래픽(홈페이지 또는 쇼핑몰, 랜딩 페이지 방문자), 앱 활동, 페이스북 참여도(동영상, 잠재고객, 캔버스 광고 참여 고객)로 만들어진다.

유사 타깃은 맞춤 타깃의 확장으로 위치, 연령, 성별 및 관심사와 같은 특징이 맞춤 타깃과 가장 유사한 타깃군이다.

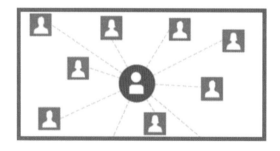

맞춤 타깃과 유사 타깃은 '광고 관리자 / 타깃'에서 생성해야 다음 그림과 같이 '광고 만들기 / 광고 세트 / 맞춤 타깃'에서 불러와 타깃 세팅을 할 수 있다. 만드는 방법은 '광고 관리자' 편에서 다룰 것이다.

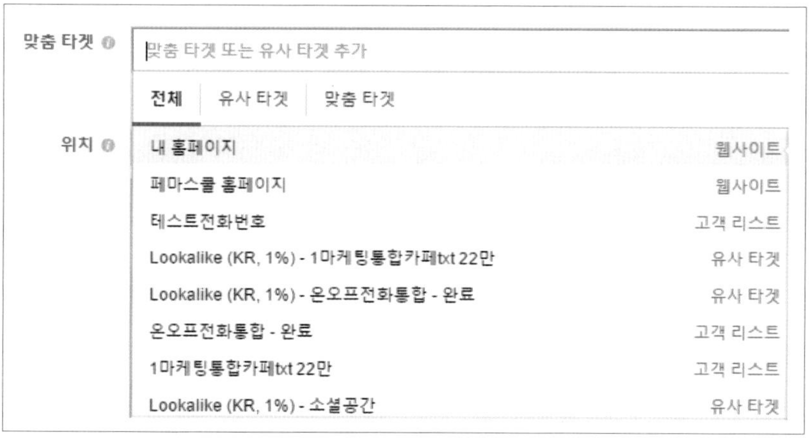

맞춤 타깃 ⓘ	맞춤 타깃 또는 유사 타깃 추가	
	전체 유사 타깃 맞춤 타깃	
위치 ⓘ	내 홈페이지	웹사이트
	페마스쿨 홈페이지	웹사이트
	테스트전화번호	고객 리스트
	Lookalike (KR, 1%) - 1마케팅통합카페txt 22만	유사 타깃
	Lookalike (KR, 1%) - 온오프전화통합 - 완료	유사 타깃
	온오프전화통합 - 완료	고객 리스트
	1마케팅통합카페txt 22만	고객 리스트
	Lookalike (KR, 1%) - 소셜공간	유사 타깃

타깃 저장

'타깃 저장'은 맞춤 타깃, 유사 타깃, 인구 통계 타깃, 상세 타깃을 조합하여 나만의 타깃군을 세분화할 때 사용한다.

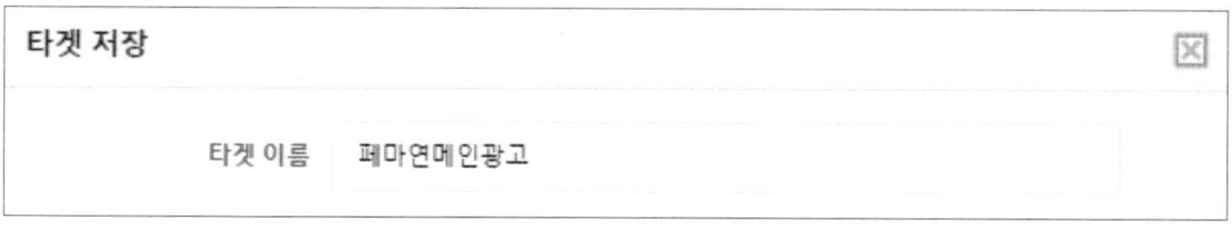

타깃 저장	☒
타깃 이름 페마연예인광고	

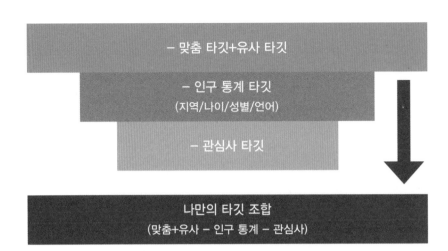

저장된 타깃은 '새 타깃 또는 저장된 타깃'에서 불러온다.

이 저장된 타깃은 타깃 4종 세트인 맞춤 타깃, 유사 타깃, 인구 통계 타깃, 관심사 타깃을 조합, 설정해 사용할 수 있다.

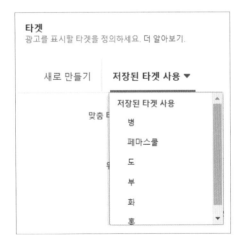

노출되는 위치 설정

게시물형 광고는 노출 위치가 4곳이다. 모바일 뉴스피드, 인스타그램, 데스크톱 뉴스피드, 데스크톱 오른쪽 칼럼이다. 비게시물형 광고는 노출 위치가 5곳이다. 모바일 뉴스피드, 인스타그램, 데스크톱 뉴스피드, 데스크톱 오른쪽 칼럼, 그리고 오디언스 네트워크이다. 또한 모바일 기기에 따른 노출을 선택할 수 있다. 모바일 기기는 폰 브라우저 버전별로 선택이 가능하다.

예산과 일정 설정

- 예산으로는 일일 예산과 총 예산이 있다. 일일 예산은 특정 광고 세트에 대해 일일 기준으로 지출할 의사가 있다고 명시한 평균 금액을 말한다. 총 예산은 해당 광고 세트의 전체 기간 동안 지불할 총 금액을 설정할 수 있다. 광고 시스템은 선택한 기간 동안 지출을 자동으로 균등하게 배분해 사용한다.

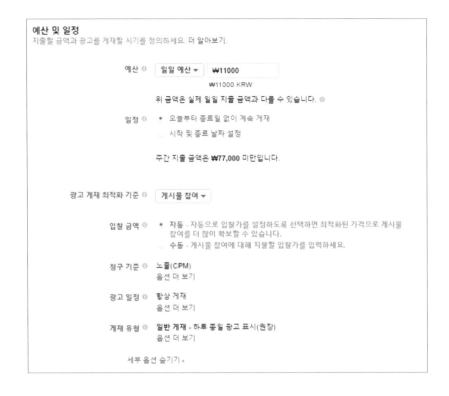

- 광고 게재 최적화 기준은 광고 세트에서 최대한 효율적으로 결과를 얻는 방식이다. 예를 들어, 웹사이트 전환을 늘리기 위해 최적화하면 해당 웹사이트에서 전환할 가능성이 가장 높은 사람들에게 광고가 타깃팅된다. 클릭 수를 늘리기 위해 최적화하는 경우 광고를 클릭할 가능성이 가장 높은 사람에게 광고가 타깃팅된다. 즉 선택하는 최적화 목표에 따라 같은 방식으로 타깃팅이 이루어진다.
- 광고주는 광고비 입찰을 자동과 수동으로 설정할 수 있다. 자동 입찰은 페이스북이 경매별로 입찰가를 설정하는 방식이다. 페이스북은 전체 예산이 지출되고 광고 세트가 최적화될 수 있도록 입찰가를 계산하여 자동

으로 집행한다. 수동 입찰은 광고 세트가 최적화되는 결과에 대해 지불할 의사가 있는 최대 금액을 광고주가 입찰하는 방식으로, 페이스북에서 설정한 입찰가보다 낮게 책정하면 광고 도달이 적어진다.

- 광고비 청구 기준으로는 어떤 결과에 비용이 청구되는지 지정한다. 웹사이트 방문을 유도하기 위한 캠페인을 만들 경우 링크 클릭 수, 노출 수 또는 일일 고유 도달에 대해 최적화할 수 있다.

- 광고비 청구 방식을 링크 클릭 수당(CPC) 또는 노출 수 1,000회(CPM)로 선택할 수 있다. 링크 클릭 수에 대해 최적화(oCPM)하고 노출 수에 대해 청구되도록 선택하면 타깃 대상 중에서 광고의 링크를 클릭할 가능성이 가장 높은 사람에게 광고를 게재한다. 광고 표시 1,000회당 비용이 청구되는데, 되도록 페이스북에서 추천하는 최적화된(oCPM) 옵션을 사용하는 것이 좋다.

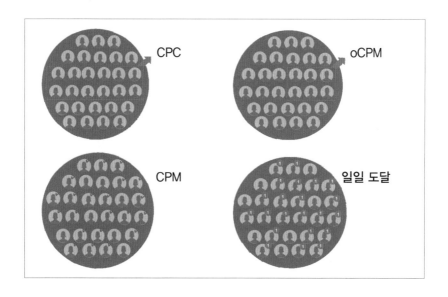

- 광고 일정은 일일 예산이 아닌 총 예산으로 설정하였을 경우 광고 일정 예약이 가능하다. 일정에 따라 게재할 수 있다. 타깃이 활동하는 시간에 집중해서 광고를 노출하는 것이 좋다. 광고 게재는 적어도 5시간 이상은 연속되게 노출하여야 한다.

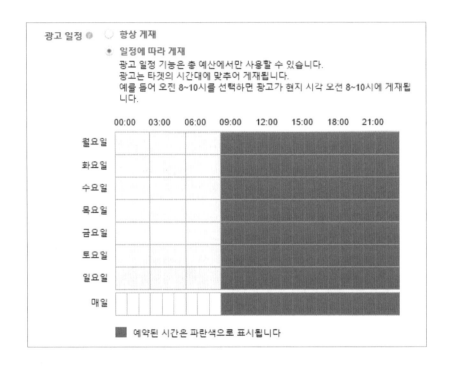

- 게재 유형은 일반 게재와 빠른 게재가 있다. 빠른 게재는 수동 입찰의 경우에만 가능하다.
- 광고 세트 마지막 작업은 광고 세트 이름을 수정하는 일이다. 광고 세트 이름에는 타깃 세팅과 예산 설정을 요약해 입력해놓으면 편리하다.

(3)광고

- 광고할 페이지를 선택한다. 관리하는 페이지가 여러 개일 경우에 종종 실수하는 부분이다.
- 인스타그램 계정을 추가할 수 있다.
- 광고할 페이지 게시물을 선택한다.
- 픽셀 추적은 홈페이지나 쇼핑몰에 추적 픽셀이 설치되어 있을 경우 전환 추적을 통해 방문자를 리타깃팅할 수 있다.
- 게재되는 광고 미리보기를 할 수 있다.

7) 웹사이트 방문 수 높이기

비게시물형 광고의 대표적 광고가 '웹사이트 방문 수 높이기'이다. 이 광고는 홈페이지, 쇼핑몰, 블로그, 특정 랜딩 페이지로 유입시키는 광고이다. 비게시물형 광고의 특성상 광고 이미지를 별도로 제작해 준비해야 한다. 최근에 페이스북이 '웹사이트 방문 수 높이기' 광고에서도 페이지 게시물을 선택해 광고할 수 있게 하였다. 여기에서 비게시물형 '웹사이트 방문 수 높이기' 광고를 배워보자.

'캠페인 이름'은 변경하는 습관을 갖도록 하자.

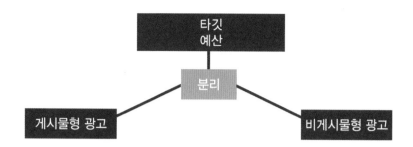

게시물형 광고와 비게시물형 광고는 '광고 세트'와 같다. 마지막 3단계인 '광고'에서는 분리가 된다. 미리 광고 콘텐츠(이미지 또는 동영상)와 문구를 준비해야 한다. 광고 콘텐츠는 슬라이드, 단일 이미지, 단일 동영상, 슬라이드쇼 4가지와 기존 페이지 게시물을 사용할 수 있다.

(1) 단일 이미지

단일 이미지는 직사각형 이미지(1,200×628px)를 사용한다.

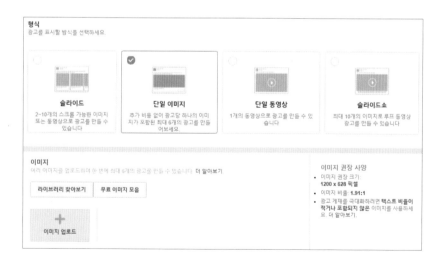

이미지를 올린 후 페이지와 링크를 설정해야 한다.

- 페이지를 선택한다.

- 인스타그램 계정이 있으면 추가한다.

- 랜딩 페이지 주소(URL)를 입력한다.

　(캔버스를 만들어놓은 것이 있을 경우 캔버스를 선택한다.)

제목 ⓘ

문구

홍보하는 내용을 명확하게 나타낼 수 있는 문구를 입력하세요

행동 유도(선택 사항) ⓘ
더 알아보기 ▾

세부 옵션 숨기기 ▴

뉴스피드 링크 설명 ⓘ

링크 표시 ⓘ

URL 매개변수(선택 사항) ⓘ

예: key1=value1&key2=value2

픽셀 추적 ⓘ
　내 Facebook 픽셀을 통해 발생한 전환 모두 추적
●　전환 추적 안 함

- 제목을 입력한다. 제목은 이미지 하단에 위치한다.
- 본문을 입력한다. 본문은 이미지 상단에 위치한다. 본문에는 텍스트, 숫자, 구두점을 사용할 수 있다.
- 행동 유도 버튼을 선택한다. 즉각 행동을 유도하는 버튼 사용은 바람직하지 않다. 예를 들어 '지금 구매하기', '지금 예약하기'보다는 '문의하기',

'더 알아보기' 버튼을 사용하여 소비자의 선택에 여지를 두어야 한다.

- 뉴스피드 링크 설명을 입력한다. 이는 제목 하단에 위치한다.

- URL 매개 변수는 구글 애널릭틱스와 함께 사용하면 도움이 된다. URL 매개 변수를 사용하면 사용자가 광고 랜딩 페이지로 이동하기 위해 어떤 링크를 클릭했는지 알 수 있다. 즉 어떤 트래픽이 현재 게재 중인 특정 광고 캠페인으로 인해 발생했는지 확인할 수 있다.

- 픽셀 추적은 홈페이지 또는 쇼핑몰에 페이스북 픽셀이 심겨 있는 경우에 사용한다. 방문자를 추적하여 리타깃팅할 수 있다.

(2)슬라이드

슬라이드는 정사각형 2장 이상의 이미지와 동영상 또는 슬라이드 쇼를
사용해 만든다. 최근에는 슬라이드가 5장에서 10장까지 이미지를 사용할
수 있게 변경되었다.

- 가장 성과가 좋은 이미지를 자동으로 먼저 표시하도록 하는 기능을 해제하고 사용하는 것이 좋다. 슬라이드 광고는 시리즈형 또는 스토리텔링형 광고인 경우 게재 순위가 중요하기 때문이다.
- 페이지 프로필 사진이 포함된 마지막 슬라이드 추가 기능을 사용하는 것도 좋다.
- +를 눌러 원하는 슬라이드 개수를 만든다. 10개까지 슬라이드가 가능하다.
- 각각의 이미지에 대해 제목, 설명, 랜딩페이지 URL, 행동 유도 버튼 등을 입력해야 한다. 슬라이드 개수만큼 반복해야 한다.

11

페마스쿨 11단계
광고 관리자 섭렵하기

 페이스북 광고는 광고 만들기와 광고 관리자로 구분되어 있다. 페이스북 광고를 제대로 활용하기 위해서는 광고 관리자를 섭렵해야 한다.

1) 광고 관리자 인터페이스

- '자주 사용하는 메뉴' 하단에 있는 '전체 도구'를 누르면 광고 관리자 전체 메뉴가 펼쳐진다.
- '타깃 인사이트'는 페이스북 유저, 맞춤 타깃, 운영 중인 페이지 팬에 대한 인구 통계를 비롯한 타깃 인사이트를 상세하게 보여준다.
- '비즈니스 관리자'는 회사의 페이스북 마케팅 자산으로, 공동으로 관리하는 툴이며 비즈니스 관리자를 생성한 경우에만 노출된다.
- '파워 에디터'는 광고 대량 제작 전문 웹 프로그램이다.
- '타깃'은 광고 관리지의 핵심 기능으로 맞춤 타깃과 유사 타깃을 생성한다.
- '제품 카달로그'는 DPAs광고를 통해 정교한 리타깃팅 광고 시 사용한다.
- '광고 계정 설정'은 광고 계정 이름, 통화, 시간대 등을 변경할 수 있다. 통화, 시간대 변경의 경우 기존 광고 계정이 비활성화되어 기존 광고 데이터가 사라지는 점에 유의해야 한다.
- '청구 및 결제 수단'은 결제 카드 등록 및 변경, 결제 대금 관리이다.

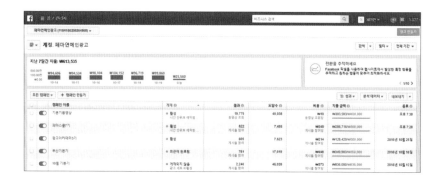

- '광고 계정'은 일반 광고는 1개이며, 비즈니스 관리자에서는 최대 1,000개까지 가능하다. 광고 계정 1개당 광고 관리자 1개가 세트로 구성되어 있다.
- '7일간 지출' 페이스북은 지출 통계를 7일 단위로 보여준다.
- '검색', '필터', '기간'을 통해 광고를 검색할 수 있다.
- '성과', '분석 데이터', '내보내기'를 통해 광고 데이터를 분석, 저장할 수 있다.

- '체크 박스'에 체크를 하면 검은 바 메뉴가 뜬다. 이 메뉴에서는 광고를 '수정'할 수 있다. 또한 '더 보기' 메뉴를 눌러 광고를 '삭제'할 수 있다.
- '광고 스위치' 왼쪽으로 이동하면 광고가 중지되고 오른쪽으로 밀면 광고가 활성화된다.
- '게재'가 녹색 불이면 광고가 활성화된 상태이다.
- '도달 수'는 광고가 노출 위치에 보인 것, 즉 게재된 사람 수를 말한다. 도달 수부터 광고 금액이 지출된다.
- '결과'는 광고가 좋아요, 댓글, 공유하기 또는 이미지, 링크에 연결된 것을 말한다.
- '비용'은 게시물 참여당 평균 지출 비용을 말한다. 참여당 비용이 낮을수록 더 많은 노출과 참여자를 확보할 수 있다.

- '지출 금액'은 결과×참여당 비용=지출 금액이 된다.

　광고 관리자의 메뉴 구성도 캠페인/광고 세트/광고의 구조로 이루어져 있다. 집행 중인 캠페인 제목을 누르면 광고 세트 단계로 바뀌면서 광고 성과와 인구 통계학적 특성과 노출 위치에 대한 분석을 제공해준다. 광고 후에는 이 분석을 수시로 보면서 광고를 평가해야 한다.

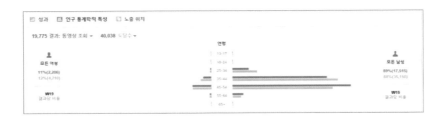

　광고 세트의 제목을 누르면 광고 단계로 넘어간다. 광고 단계에서는 광고 비용의 중요한 지표가 되는 관련성 점수가 나온다. 관련성 점수는 광고에 대한 타깃의 반응에 따라 1~10점 범위로 평가된다. 관련성 점수는 광고 노출 수가 500회를 넘은 다음부터 계산된다. 관련성 점수가 낮으면 참여당 비용이 올라가며 점수가 높으면 참여당 비용이 낮아진다.

2) 청구 및 결제 수단

- 결제 수단을 등록 및 변경할 수 있다.
- 광고 계정 지출 한도를 정할 수 있다.

광고 결제 집행 방법

페이스북이 광고 결제 금액을 집행하는 방법은 3가지이다.

- 대금 청구 기준액이다. 광고를 처음 집행하는 경우 대금 청구 기준액은
  25달러(한화 27,000원)부터 시작해 최대 750달러(한화 810,000원)까지 늘어
  난다. 대금 청구 기준액에 도달하면 광고비를 인출해간다.
- 매월 말일이 되면 결제 예정 금액을 인출해간다.
- 지금 결제하기를 누르면 현재까지 집행된 금액을 즉시 인출해간다.

3)타깃 만들기

타깃팅을 위한 작업을 어떻게 하는가에 따라 성과가 달라지기 때문에 페이스북 광고에서 가장 중요한 작업이다.

타깃 만들기에서는 맞춤 타깃, 유사 타깃, 저장된 타깃을 만들 수 있다.

(1)맞춤 타깃 만들기

- '고객 파일'은 타깃 고객의 이메일과 핸드폰 번호로 고객 리스트 맞춤 타
깃을 만들 수 있다.
- '웹사이트 트래픽'은 홈페이지나 쇼핑몰에 페이스북 픽셀을 심어 방문자
를 웹사이트 맞춤 타깃으로 만들어준다. 네이버 블로그, 카페 등은 픽셀
을 심을 수 없어 불가능하다.
- '앱 활동' 모바일 앱이나 게임을 사용하는 사람을 대상으로 맞춤 타깃을

만들 수 있다.

- '페이스북 참여도'는 동영상 광고, 잠재고객 광고, 캔버스 광고에 참여한 사람을 맞춤 타깃으로 분류해준다.

• 동영상 광고 : 3초 시청, 10초 시청, 25% 시청, 50% 시청, 75% 시청, 95% 시청

• 잠재고객용 광고 : 양식을 연 사람, 양식을 열었지만 제출하지 않은 사람 ('하차'), 양식을 열었으며 제출한 사람

• 캔버스 광고 : 연 사람, 열고 링크를 클릭한 사람

고객 리스트 맞춤 타깃 만들기

먼저 고객의 이메일과 핸드폰 번호를 가지고 미리 csv 또는 txt 파일로 만들어 준비한다. 핸드폰 번호의 경우 010-○○○○-○○○○ 형식을 8210-○○○○-○○○○ 국제 전화번호 형식으로 변환해야 사용이 가능하다.

웹사이트 트래픽 맞춤 타깃 만들기

페이스북 픽셀은 계정당 1개의 픽셀이 생성된다. 처음 하는 사람은 '픽셀 만들기' 화면이 먼저 뜬다. 하루 정도 후에 보면 픽셀이 만들어져 다음과 같은 화면이 나온다.

- 페이스북 픽셀은 페이스북 광고를 위해 웹사이트에서 사용할 수 있는 코드이다. 페이스북 픽셀을 사용하면 웹사이트에서 특정 행동에 맞춰 최적화하고 추적하여 맞춤 타깃을 구축할 수 있게 된다.
- 웹사이트 트래픽은 비즈니스 웹사이트 방문과 특정 웹페이지 방문(특정 URL)으로 설정할 수 있다.
- 기간은 기본 30일에서 최대 180일까지 추적하여 준다.
- 타깃 이름을 입력한다.

- 픽셀을 설치해야 정상 작동된다.
- 픽셀 코드 보기를 누른다. 코드를 복사하여 웹사이트 코드의 'head'와 '/ head' 태그 사이에 붙여넣기하면 픽셀이 웹사이트의 모든 페이지에 대한 방문 수를 추적해 맞춤 타깃을 만들어준다. 이는 홈페이지 관리자가 진행하는 전문 작업이다. 홈페이지 관리자에게 이메일로 보낼 수도 있다.

(2) 유사 타깃 만들기

고객 리스트 맞춤 타깃과 웹사이트 맞춤 타깃을 활용하여 유사 타깃을 만들 수 있다. 유사 타깃을 만들고자 하는 맞춤 타깃을 체크하고 '유사 타깃 만들기' 메뉴를 누른다.

광고 계정: 1184160298264868(KRW)

타겟

| 타겟 만들기 ▾ | ≎ 필터 ▾ | 열 맞춤 설정 ▾ | 광고 만들기 | 작업 ▾ |

	이름	유사 타겟 만들기
✔	내 홈페이지	픽셀 보기
☐	홍	수정
		삭제
		공유하기
☐	테스트이메일	타겟 중복 표시

유사 타겟 만들기

Facebook에서 가장 가치 있는 타겟과 유사한 새로운 사람들을 찾으세요.

소스 ❶ 내 홈페이지

국가 ❶ 타게팅할 국가를 선택하세요.

타겟 규모 ❶   추산 도달

0   1   2   3   4   5   6   7   8   9   10   국가의 %

타겟 크기가 선택한 국가의 전체 인구의 1%에서 10% 사이이며, 1%가 소스 타겟과 유사성이 가장 높습니다.

세부 옵션 보기 ▾

취소 | 타겟 만들기

- '국가'에 대한민국을 입력한다.
- 타깃 규모는 10단계까지 있다. 1단계만 선택하면 1시간 정도 소요되며 약 17만 명의 유사 타깃을 생성해준다.

생성한 모든 고객 리스트 맞춤 타깃과 웹사이트 맞춤 타깃을 가지고 유사 타깃을 만들어 타깃을 생성해보자.

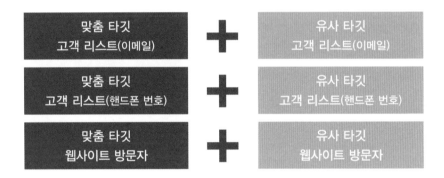

맞춤 타깃과 유사 타깃을 생성하였으면 '광고 만들기'에서 맞춤 타깃과 유사 타깃을 불러와 광고 타깃팅에 사용할 수 있다.

4)광고 관리자 앱

구글 플레이 스토어 또는 아이폰 앱 스토어에서 페이스북 광고 앱을 설치하자. 타깃팅과 광고 콘텐츠를 최적화하기 위해서는 광고는 PC용 페이스북에서 만드는 습관을 갖자. 외부에서 광고 진행 상황을 살펴볼 때 페이스북 광고 앱이 유용하다. 급하게 광고를 일시중지시킬 수도 있다.

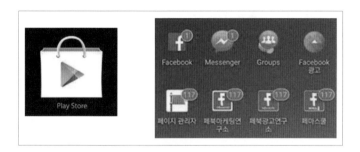

5)광고 이미지 기법

페이스북 광고에서 가장 중요한 요소는 타깃팅과 콘텐츠이다. 특히 광고 이미지 콘텐츠는 광고의 파괴력을 좌우한다고 볼 수 있다. 다양한 광고 이미지 기법을 활용하여 고객의 눈과 마음을 사로잡아야 한다.

단수 이미지 광고

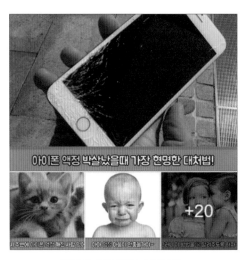

다양한 이미지를 활용한 짜깁기형 광고

웹툰을 활용한 이미지 광고

웹툰을 활용한 슬라이드 광고

슬라이드 광고

슬라이드 광고는 정사각형 2~10장으로 구성되며, 스토리텔링, 단계별 설명, 비포애프터, 파노라마 기법 등으로 이미지를 표현하여 광고를 진행할 수 있다. 다음에 소개한 다양한 슬라이드 광고 예제를 참고하라.

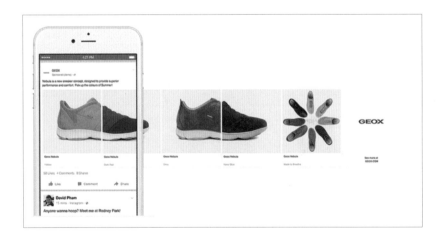

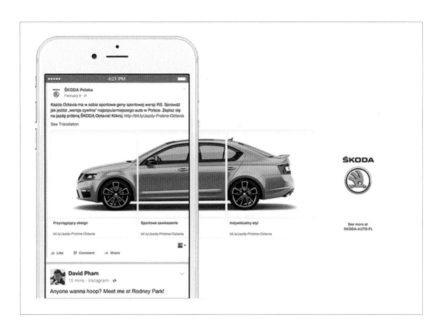

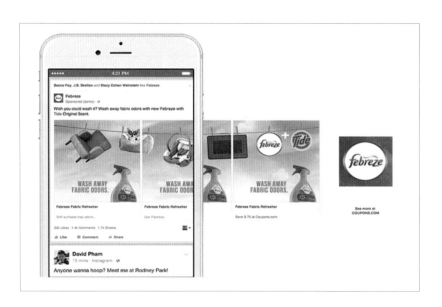

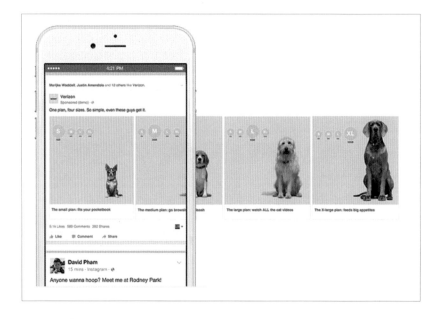

212

슬라이드 광고만 보여주는 FB Carousel Format Creative Examples 페이지

이 페이지는 세계적으로 유명한 디자이너들의 페이스북 슬라이드 이미지 기법만을 모아 보여주는 사이트이다. 이 페이지에서 보여주는 사례들을 참고하여 슬라이드 이미지 기법의 광고 콘텐츠를 만들어 홍보해보자.

(참고 : https://www.facebook.com/carouselformat)

마케팅 관리부터
SNS 연동까지

f

12

페마스쿨 12단계
마케팅 그래프 섭렵하기

지금은 마케팅 홍수 시대이다. 수많은 마케팅이 쏟아져 나오고 있다. 마케팅 홍수에 소상공인들은 갈피를 못 잡고 이리저리 휩쓸려 다닌다. 마케팅계에도 대세를 찾는 유행의 바람이 불고 있다. 한 방을 노리는 도깨비방망이 마케팅법을 찾아 헤매고 있다.

마케팅에는 업종에 따라 적합한 마케팅법이 있다. 또한 마케팅 플랫폼별로 장단점이 존재한다. 하나의 마케팅만으로 성공할 수 없는 게 마케팅의 세계이다. 그래서 페이스북 마케팅과 온라인 마케팅을, 페이스북 마케팅과 SNS 마케팅을, 페이스북 마케팅과 오프라인 매장 마케팅을 그래프하는 것이 필요하다.

페이스북 마케팅 그래프란 페이스북 마케팅과 온라인 마케팅(홈페이지, 쇼

핑몰, 블로그, 카페, 지식인, 지도 등), SNS 마케팅(카카오톡, 인스타그램, 트위터 등),
오프라인 매장 마케팅을 마케팅적으로 도표화하는 것을 말한다.

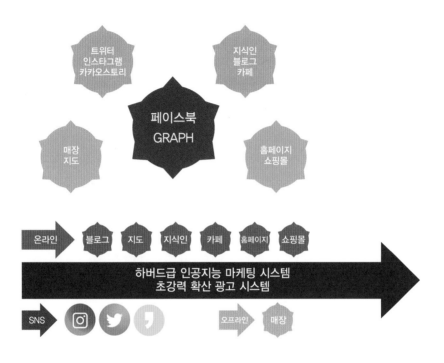

　　페이스북의 마케팅 그래프는 마케팅 홍수 시대에 사는 마케터들에게 유
용하다. 마케팅 그래프로 플랫폼 간에 연동 및 협업하는 구조를 만들어 서
로의 장단점을 보완하면 시너지 효과가 생긴다.

　　페이스북 마케팅 그래프는 마케팅의 구조를 만들어준다. 국내에서 사업을
하려면 운영해야 하는 마케팅 채널이 무수히 많다. 마케팅이 복잡한 만큼
따분한 반복 작업이 많아서 지치고 피곤하기 십상이다. 그런데 마케팅을 구
조적으로 접근하면 작업 시간이 단축되어 업무 효율을 올릴 수 있다.

페이스북 마케팅 그래프는 마케팅을 구조화해 간소화, 단순화시켜준다. 이 마케팅 구조의 가장 큰 장점은 마케팅 구조화된 채널들이 잠재고객들에게 지속적으로 노출될 수 있는 마케팅 그물을 형성해준다는 것이다.

1)블로그와 페이스북 그래프

(1) 마케팅의 두 바퀴

소상공인들이 마케팅으로 달릴 때 필요한 두 바퀴가 있다. 하나는 블로그 마케팅이며, 또 하나는 페이스북 마케팅이다. 블로그와 페이스북은 마케팅의 두 바퀴이다. 만약에 한쪽 바퀴가 빠지면 마케팅은 성과를 얻을 수가 없다. 두 바퀴가 있어야 완전한 마케팅의 균형이 이루어진다.

필자는 블로그 고수가 아니다. 블로그를 배워본 적이 없다. 처음에 블로그를 만들고 고전하였다. 방문자가 하루 1~20명에 불과하며 전혀 늘어날 기색이 보이지 않았다. 그러다가 찾은 방법이 페이스북을 이용하는 방법이었다. 지금 정리해보니 블로그에서 답을 찾는 방법이 아닌 페이스북을 그래프하여 방법을 찾은 것이었다. 즉 블로그와 페이스북을 그래프하여 마케팅적인 해결을 하였던 것이다.

블로그와 페이스북을 따로 따로 생각하지 말고, 하나의 마케팅적 구조로 연결해야 한다. 즉 블로그와 페이스북을 마케팅적으로 그래프하는 구조를 만드는 방법을 배워 세팅해야 한다.

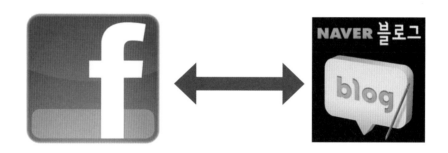

**블로그에서 페이스북으로, 페이스북에서 블로그로
포스팅과 고객을 소통시켜라!**

(2)블로그 및 포스팅 순위 확인하기

우선 내 블로그 순위를 알아보자. 많이 사용하는 blogchart.co.kr에서 블로그 주소를 넣으면 순위를 확인할 수 있다. 내 블로그 순위를 기록해두면 페이스북 그래프를 통해 블로그 순위가 올라가는 것을 확인할 수 있다.

　다음으로 블로거 문호영 약사가 제공하는 포스팅 순위 확인 프로그램 티온(Tion)을 통해 내 메인 키워드 포스팅의 블로그 순위를 확인해보자. 이 프로그램은 블페법으로 고객 유입을 통한 블로그 포스팅 순위 변동을 확인할 수 있다.

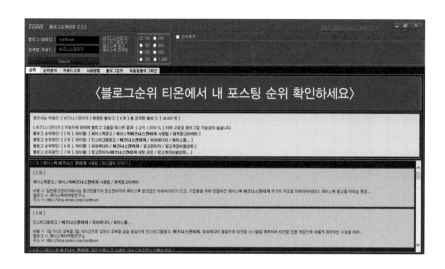

(3)페이스북에서 블로그로 포스팅 가져오기

네이버 마케팅에서 중요한 것은 내 블로그 포스팅이 블로그 검색 영역과 모바일 통합 검색에서 상위에 노출되는 것이다. 즉 블로그 지수가 높아야 한다. 블로그 지수를 높이는 방법은 방문자, 체류 시간, 반응도에 달려 있다.

블로그 포스팅은 질적으로 우수한 포스팅을 지속적으로 생산, 저장할 수 있는 장점이 있는 반면에 폐쇄적이라는 단점이 있다. 검색에 노출되지 않으면 아무리 좋은 포스팅이라도 묻힐 수밖에 없는 폐쇄적인 구조이다. 블로그 포스팅은 밖으로 퍼져나가는 데 한계가 있다. 블로그는 포스팅에서는 감옥이다.

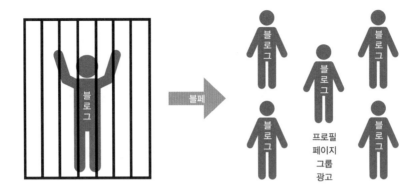

페이스북의 가장 큰 장점은 노출과 확산성이다. 프로필, 페이지, 그룹, 광고 등 페이스북은 확산을 위한 플랫폼들을 갖고 있다. 즉 질적으로 우수한 블로그 포스팅을 확산성이 좋은 페이스북에 담아 보내는 것이다.

간혀 있는 블로그 포스팅을 페이스북에 가져오면 '계속 싸돌아다닌다.' 누군가의 좋아요, 댓글, 공유를 타고 한없이 페이스북 공간을 돌아다니며 방문자들을 블로그로 유입시키며, 블로그 검색지수를 올려준다. 이러한 블로그를 페이스북에 가져오는 '블페법'은 블로그 지수를 올려 최적화하는 가장 안정적이고 빠른 방법이다. 저품질의 염려가 전혀 없다.

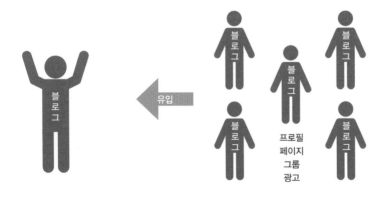

대부분의 사람이 블로그를 위해 블로그 포스팅을 하는데, 필자는 페이스북을 위해 블로그 포스팅을 작성한다. 즉 블로그 포스팅이 페이스북에 포스팅되었을 때 페이스북을 통한 블로그 방문자들이 무엇을 얻을까를 계산하며 포스팅한다.

블로그와 페이스북 그래프에서 가장 중요한 것은 이미지 기법이다. 2가지가 있는데 16:9 이미지 기법과 슬라이드 이미지 기법이다. 16:9 이미지 기법은 가로 직사각형 이미지 1장을 통해 표현하는 것이고, 슬라이드 이미지 기법은 정사각형 2장 이상의 이미지를 통해 표현하는 기법이다.

이 방법을 사용하면 블로그 포스팅 따로, 페이지 포스팅 따로 만들 필요가 없어 마케팅 시간을 절약할 수가 있다. 블로그 포스팅 하나로 페이지 포스팅이 해결된다. 많은 사람이 블로그 포스팅 시 자동으로 페이스북에 발행되는 기능을 사용한다. 자동 공유를 하면 다음과 같이 나온다. 이미지도 나타나지 않고 시각적인 효과도 없다. 최적의 블페법을 만들기 위해서는 블로그 포스팅 링크를 복사해 페이지로 가져가야 한다.

블로그 포스팅 주소를 복사한 후 페이지에 붙여넣기를 하면 자동으로 섬네일이 만들어진다. 섬네일이 만들어지면 링크는 지우는 것이 좋다. 하단에 이미지를 추가할 수 있는 기능이 나오는데, 프로필이나 그룹에서는 지원되지 않는 기능이다.

- 링크는 지운다.
- 섬네일 이미지는 이미지 규격에 맞으면 사용해도 되고 변경할 수 있다.
- 하단에 있는 블로그에서 가져온 내용은 변경할 수 있다.
- 하단에 있는 +를 누르면 이미지를 첨부할 수 있다. 16:9 비율의 이미지 1장 또는 정사각형 2장 이상의 슬라이드형 이미지를 준비해 첨부할 수 있다.
- 이미지의 오른쪽 상단 파란 숫자를 누르면 해당 이미지가 게시되지 않는다.
- 이미지 가운데로 마우스를 가져가면 랜딩 페이지 URL을 수정할 수 있다. 슬라이드 이미지의 경우 이미지마다 다른 랜딩 페이지 URL을 넣을 수 있다.

필자는 블로그 포스팅을 페이지 게시물로 포스팅한 후에 페이스북 유료 광고를 통해 확산시키는 기법을 주로 사용한다. 이 방법은 많은 사람에게 노출할 수 있고, 페이지 좋아요 팬을 모을 수 있고, 무엇보다 블로그 방문자 유입을 통한 블로그 지수와 검색지수를 상승시키는 효과를 얻을 수 있다. 한 번의 광고를 통해 많은 효과를 얻을 수 있다.

2) 카페, 지식인, 지도와 그래프

카페, 지식인, 지도, 포스트를 상위에 노출시킬 때 페이스북을 활용하면
효과가 좋다. 네이버의 특성상 검색과 상단 노출이 되지 않고는 마케팅이
어렵다. 페이스북 프로필, 페이지, 그룹, 광고를 활용하면 많은 고객을 유입
시켜 노출지수를 올릴 수 있게 된다. 불펌법과 마찬가지로 이미지 기법이
중요하다. 고객들이 반응할 만한 이미지와 광고 문구를 사용해야 더욱 효과
적이다.

3)홈페이지, 쇼핑몰과 그래프

홈페이지와 쇼핑몰 제작 운영 시에도 페이스북 마케팅 그래프를 적용하여야 한다. 페이스북 마케팅 연동을 위한 페이스북 최적화 홈페이지와 쇼핑몰을 제작해야 하는데, 이 작업은 전문 프로그래머의 도움을 받아야 한다.

(1)페이스북 로그인 플러그인을 달아라

홈페이지와 쇼핑몰의 최대 고객은 페이스북 유저이다. 페이스북 광고가 많아지면서 페이스북 유저들의 웹페이지 유입률이 늘고 있다.

쇼핑 구매

CTA 전환

페이스북 포스팅
페이스북 광고

1. 회원 가입 - 이탈
2. 페이스북 연동 ×
3. 페이스북 고객 맞을 준비 ×

안타까운 것은 쇼핑몰의 주 고객이 페이스북 유저임에도 불구하고 쇼핑몰에 페이스북과 관련된 어떠한 장치나 배려가 보이지 않는다는 것이다. 많은 광고비를 투자해 페이스북 유저를 초청해놓고 정작 페이스북 고객을 홀대하는 실정이다.

MEMBER LOGIN

로·그·인·하·시·면·회·원·님·을·위·한·다·양·한·서·비·스·와·혜·택·을·누·리·실·수·있·습·니·다.

회/원/로/그/인

아이디

비밀번호

회원로그인

☑ 보안접속 | ▣ ID기억하기 | 아이디/비밀번호 찾기

비/회/원/주/문/조/회

주문자명

주문번호

비회원
로그인

주문비밀번호는 주문확인시 필요하오니 꼭 기억해주시기 바랍니다.

아직 로하셀 회원이 아니세요?
회원님을 위한 각종 혜택들이 기다리고 있습니다.

회원가입

비회원으로 주문하기 원하시나요?
※ 비회원 구매시 할인쿠폰/적립금/이벤트 혜택을 받으실 수 없습니다.

비회원구매

홈페이지와 쇼핑몰에 페이스북 플러그인을 적용하여 홈페이지, 쇼핑몰을 제작하거나 리뉴얼하여 페이스북 최적화를 이루어야 한다. 페이스북 로그인 플러그인을 필수적으로 활용하여 페이스북 유저로 간단히 로그인하고 쇼핑할 수 있도록 편의를 제공해야 한다.

상품을 구매할 때 페이스북 로그인이 아닌 별도의 회원 가입을 요구한다면, 여기에서 많은 페이스북 고객이 이탈한다. 페이스북 고객을 위해서 페이스북 로그인으로 즐길 수 있는 환경을 만들어주어야 한다.

✔ 간편로그인

SNS로 간편하게 로그인하세요!

f 페이스북으로 로그인   N 네이버로 로그인   💬 카카오로 로그인

(2)홈페이지와 쇼핑몰에 페이지를 연동하라

홈페이지를 방문한 고객들이 페이스북 페이지로 방문하도록 연동하는 것도 중요하다. 출판사 국민서관은 홈페이지에 페이지를 연동하여 페이지 포스팅이 동기화되고 방문자를 페이지로 방문하도록 유도한다.

(3)좋아요, 댓글, 공유하기 플러그인을 달아라

페이스북 유저가 홈페이지, 쇼핑몰로 가서 다시 홈페이지, 쇼핑몰의 콘텐츠와 상품을 페이스북으로 가져가게 하는 쌍방 통행의 마케팅적 구조를 만들어야 한다. 페이스북은 단순히 고객을 구매자로만 사용하는 것이 아니라 내 사업의 홍보자로 활용할 수 있는 장치이다.

페이스북 유저들은 쇼핑몰 탐색 중 마음에 드는 상품이 있으면 습관적으로 반응하려고 한다. 그러나 상품마다 페이스북 좋아요, 댓글, 공유하기 버튼이 없으면 그저 눈으로만 만족하고 만다. 페이스북 유저들은 무엇인가 행동하기를 원한다.

페이스북 플러그인은 좋아요, 댓글, 공유 버튼을 통해 내 타인라인에 게시되고 친구들의 뉴스피드에 보이게 만들어준다. 즉 온라인상의 쇼핑몰 상품이 페이스북으로 이사하여 페이스북에서 쏘다니며 고객들을 유입시키는 통로가 된다. 얼마나 귀한 마케팅인가? 고객이 콘텐츠를 페이스북 세상으로 보내준다. 고객에 의한 마케팅! 이것이 진정한 바이럴 마케팅의 완성이다.

페이스북 포스팅
페이스북 광고

페이스북 로그인
좋/댓/공 플러그인

(4)픽셀(맞춤 타깃)을 심어라

페이스북 맞춤 타깃용 픽셀은 홈페이지, 쇼핑몰로 유입된 페이스북 고객 숫자와 유저 정보를 파악하고 유저의 전환을 추적하여 맞춤 타깃으로 만들어준다. 이 맞춤 타깃을 통해 홈페이지, 쇼핑몰 방문자를 리타깃팅하여 리마케팅할 수 있게 된다. 페이스북의 픽셀 기술은 방문자가 누구인가를 추적해준다. 즉 우리 홈페이지, 쇼핑몰 방문자가 누구인가?

페이스북 맞춤 타깃 픽셀은 홈페이지, 쇼핑몰로 파견된 페이스북 문지기이다. 이 문지기는 무료로 24시간 365일 쉬지 않고 일을 한다. 사용자는 픽셀 코드를 홈페이지, 쇼핑몰 개발자에게 보내서 붙여넣기만 하면 된다.

페이스북 픽셀은 블로그, 카페, 네이버 모두 홈페이지, 스토어 팜에는 코드를 심을 수가 없다. 카페24, 고도몰, 메이크샵으로 제작한 사이트는 가능하다.

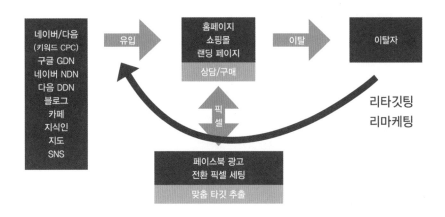

(5)홈페이지와 페이지 그래프

홈페이지는 초보자나 컴퓨터에 익숙하지 않은 사용자가 직접 다루기는 어렵고 유지 보수 비용이 만만치 않다. 반면에 페이스북 페이지 제작은 누구나 손쉽게 할 수 있다. 페이지뱀프(Pagevamp)는 페이스북 페이지를 이용해서 나만의 홈페이지를 만드는 서비스를 제공한다. 유료 버전이지만 페이스북과 홈페이지 최적화를 제공하기에 추천한다.

페이지뱀프는 단 몇 번의 클릭만으로 괜찮은 스타일의 홈페이지를 만들 수 있는 서비스이다. 자기 소유의 페이스북 페이지만 있으면 된다. 페이지뱀프 홈페이지에서 페이지 URL 주소만 입력하면 마법처럼 변환된 웹페이지가 나오고 블로그를 설정하듯 간편히 원하는 디자인이나 기능을 추가할 수 있다. 또한 반응형 홈페이지 기능이 있어 모바일과 태블릿에도 최적화된 화면을 보여준다.

페이지뱀프는 페이지에 올리는 포스팅이 실시간 동기화되어 홈페이지에 보이며 자동으로 홈페이지 콘텐츠가 업데이트된다.

페이지뱀프는 맞춤 타깃용 페이스북 픽셀도 심을 수 있어 홈페이지 방문자를 리마케팅할 수 있는 환경을 제공해 준다. 네이버 모두, 스토어 팜 , 블로그에 페이스북 픽셀을 세팅하지 못하던 아쉬움을 달래주는 유용한 기능이다. 광고 관리자에서 픽셀을 생성한 후 복사해서 아래 화면에 붙여넣기만 하면 된다.

4)구글과 그래프

구글과 페이스북은 경쟁 회사이다. 검색 시장과 광고 시장에서도 패권을 다투고 있다. 하지만 마케팅에서 페이스북과 구글의 연동 그래프는 시너지 효과를 얻을 수 있다. 특히 페이스북은 모든 것이 구글에 최적화되어 있다. 즉 페이스북과 구글을 연동하여 사용하면 시너지 효과를 기대할 수 있다.

(1)크롬과 G메일 계정을 사용하라

　페이스북 마케팅은 크롬에 세팅하여야 한다. 따라서 페이스북 광고도 크롬에서 집행하여야 한다. 크롬에 G메일 계정으로 로그인해 크롬을 세팅하면 모든 세팅이 저장돼 언제든지 크롬에 세팅된 그대로를 불러와 편리하게 사용할 수 있다.

(2)페이스북 관련 확장 프로그램을 사용하라

　구글 웹 스토어는 무료 프로그램의 보고이다. 구글 웹 스토어에서 페이스북을 검색하면 다양한 페이스북 관련 프로그램들이 넘친다. 페이스북 동영상 다운로드, 콕 찔러보기, 이벤트 친구 초대하기, 페이스북 광고 PIXEL HELPER 등 페이스북 마케팅을 도와주는 프로그램들이 있다.

(3)구글 애널리틱스로 유입을 분석하라

페이스북 광고 생성 시 URL 태그를 구글을 활용해 만들 수 있다. 페이스북 광고를 통한 유입자 현황을 구글 애널리틱스를 실시간으로 통해 확인할 수 있다.

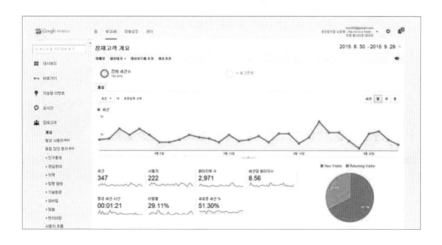

5)옐로아이디를 활용한 카톡 상담

마케팅에서는 일반적으로 랜딩 페이지로 고객을 유입하여 상담 DB인 이름과 전화번호를 남기도록 하는 상담전환법을 사용한다. 하지만 개인 정보에 대한 중요성이 날로 강화되다 보니 고객들이 실명과 전화번호 노출을 극도로 기피한다. 특히 내 이름과 전화번호가 이리저리 팔려 다닌다는 데에 극도로 민감하다. 상담이 필요한 병원, 보험, 금융 등에서 상담전환 방법을 바꾸어야 한다.

페이스북은 메신저를 갖고 있지만 실명이 노출되므로 마케팅 상담용으로는 적합하지 않다. 페이스북 마케팅에서 상담전환은 카카오톡을 연동해서 사용하면 좋다. 카카오톡에는 가장 강력한 무기가 있다. 하나는 개인 정보 노출을 최소화하는 익명성이다. 또 하나는 전국민이 누구나 쉽게 사용하는 습관성이 있다.

필자가 페이스북 광고와 옐로아이디인 카카오톡을 연동해 상담전환해본 결과 효과적이었다. 카카오톡으로 상담전환해보라. 상담전환률이 대폭 늘어날 것이다.

카카오톡의 단점은 ID가 영어로 되어 있어 검색하기에 불편하다는 것이다. 반면에 카카오 옐로아이디는 한글 사업자 아이디를 제공해주어 검색이 용이하다. 또한 관리자 권한을 여러 명이 공유할 수 있어 여러 사람이 돌아가며 상담이 가능하다. 무엇보다 상담자들이 친구를 맺어야 하기 때문에 잠재고객 관리가 가능하다. 사업자는 옐로아이디로 상담하지만 고객은 카톡 상담이 되는 것이다.

- 옐로아이디는 카톡 계정 1개당 10개까지 만들어 운영할 수 있다.

- 알림 설정을 할 수 있다.

- 많은 사람을 관리자로 설정해 함께 상담할 수 있다.

- 프로필/미니홈을 꾸며 소개와 친구 추가 메시지들을 관리할 수 있다.

페마스쿨 ✏

기업/소상공인을 위한 융복합 마케팅 페
마스쿨 (페이스북마케팅+온라인마케팅
+SNS마케팅+오프라인매장마케팅)

친구 291명 ┃ 게시물 0개

📞 01063529091

🔗 http://fbschool.modoo.at

🏠 <u>위치정보가 없습니다.</u>

－ **친구추가 감사메시지** ✏

지역소상공인 마케팅공동체 페마스쿨 친구
가 되어 감사합니다.

(1) 친근한 이름을 사용하라

옐로아이디는 사업자 등록증이 없어도 이름을 카카오 1개 계정에서 10개
까지 생성 및 관리가 가능하다. 딱딱한 회사명보다 고객들이 신뢰하고 쉽게
기억하고 검색할 수 있는 이름을 사용하는 것이 좋다(○○○달인, ○○○대표
원장 등). 이름을 폭넓게 작명하여 사용하는 것이 도움이 된다.

(2)고유 링크를 활용하라

옐로아이디는 고유 링크 주소를 제공해준다. 이 링크를 사용하면 곧바로 내 옐로아이디 창이 떠서 별도의 카톡 검색을 하지 않고 링크만 눌러도 카톡 상담이 가능하다. 되도록 단축 링크를 사용하여 간결하게 만들어 사용하는 것이 좋다.

영문형 주소를 사용해 블로그, 페이지, 광고 시 상담용 링크로 활용하면 좋다. 고객들은 옐로아이디 링크를 누르면 친구추가하고 바로 카톡 상담이 가능하다.

(3)친구 맺은 고객들에게 메시지를 보내라

옐로아이디로 상담전환해보면 상담한 사람보다 친구를 맺은 수가 더 많다. 아마도 지금 시간이 없어 친구 맺기만 해놓고 나중에 상담을 의뢰하려는 사람들이다. 옐로 아이디 상담의 부수적인 보너스로 내 서비스와 상품에 관심이 있는 잠재고객군을 모을 수 있다. 친구를 맺은 사람들은 언제든지 메시지 보내기를 통해 리마케팅이 가능하다. 지금은 무료로 매월 1,000건씩 메시지를 보낼 수 있다.

(4)관리자를 공유하라

옐로아이디는 개인용이 아닌 비즈니스용이다. 직원들과 관리자를 공유해함께 상담이 가능하다. 고객이 상담하면 관리자로 공유된 모든 사람에게 알림이 뜨므로 상담 가능한 사람이 바로 상담해주면 된다. 이렇게 하면 상담의 여유가 생기며 업무 과중으로 인한 부담에서 벗어나게 된다. 무엇보다도사업주는 실시간으로 상담 현황을 알 수 있어서 고객들의 니즈를 파악하기에 좋다.

6)트위터와 페이스북 연동하기

트위터와 페이스북을 연동할 수 있다. 프로필뿐만 아니라 페이지별로 연동해 프로필과 페이지에 포스팅이 되면 자동으로 트위터에도 포스팅이 된다.

페이스북 설정으로 들어가 팔로워 〉프로필을 트위터와 연동에서 트위터와 연동하면 된다.

7) 인스타그램과 그래프

인스타그램에서 포스팅한 후에 페이스북 프로필로 포스팅을 자동 게시할수 있다. 반대로 페이스북에서는 자동 게시가 안 된다. 페이스북 광고를 인스타그램에도 노출하여 인스타그램 마케팅을 진행할 수 있다. 페이지 설정에서 인스타그램 광고를 눌러 인스타그램 계정을 등록하면 광고에서 인스타그램 계정으로 팔로워를 모을 수 있다.

2016년 8월부터 한국에서도 인스타그램 비즈니스 도구 서비스가 시작되었다. 인스타그램 비즈니스 도구에는 비즈니스 프로필, 인사이트, 홍보하기가 추가되었고, 연락처 버튼을 통해 고객과 바로 연결할 수 있으며, 게시물과 팔로워에 대한 통계도 제공된다.

비즈니스 계정으로 전환한 뒤에는 페이스북 광고를 진행할 때 인스타그램 게시물을 광고로 활용할 수도 있다. 다만 인스타그램 계정을 비즈니스로전환하기 위해서는 페이지가 반드시 필요하며, 페이지와 인스타그램을 연동해야 가능하다.

1. 인스타그램을 연동한 후에 로그인한다.

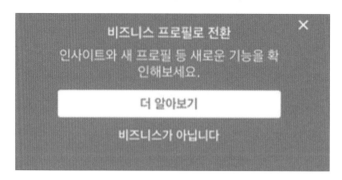

2. 페이스북으로 로그인한다.

3. 페이지와 연결한다.

8) 오프라인 매장과 그래프

사이버 영역에서 출발한 페이스북의 영역은 오프라인으로까지 점차 확대되고 있다. 페이스북은 SNS 서비스를 넘어 사물 인터넷 시대에 어울리는 플랫폼으로 나아가고 있다. 그 저변에는 오프라인 비즈니스에 대한 페이스북의 의도를 읽을 수 있다.

최근 페이스북에서 새롭게 론칭한 기능들인 근처 친구, 근처 장소, 근처 그룹은 페이스북의 오프라인 비즈니스에 대한 전략을 파악할 수 있게 해준다. 실시간 위치 기반에 근거한 비즈니스의 세계를 만들어가는 것이다.

'비즈니스 또는 장소' 페이지에는 인사이트에 주변 지역 상권을 분석해준다. 오프라인 매장을 중심으로 페이스북 유저들의 활동 시간과 인구 통계학적 정보 그리고 주변 지역 유저들에 대한 광고 성과를 보여준다.

페이스북의 광고 중 '주변 지역에 홍보'는 페이스북 유저의 위치 정보를 광고에 접목하였다. 광고 안에 매장의 위치 정보를 넣어 유저가 현재 위치에서 매장으로 이동하는 시간과 경로를 보여준다.

페이스북은 매장 사업자를 위한 최고의 마케팅 툴이다. 페이스북은 페이스북 유저와 오프라인 매장을 그래프할 수 있게 한다. 오프라인 매장 사업자는 페이스북의 오프라인 비즈니스를 활용하여 마케팅을 최적화하여야 한다. 오프라인 매장 사업자는 매장 중심으로 영업권 내의 타깃들에 집중하여 마케팅을 집행함으로써 최적의 효과를 올릴 수 있다.

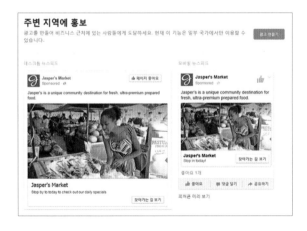

협업부터 마케팅 효과
극대화까지

f

13

페마스쿨 13단계
협업 네트워크 최적화

마케팅은 외로운 여정이다. 사업자는 약육강식의 처절한 마케팅의 밀림에서 살아남아야 한다. 그러나 페이스북은 함께하는 마케팅이다. 네트워크를 만들 수 있는 장치가 많다. 페이스북에는 협업을 가능하게 하는 기능이 유달리 많다. 서로 페친 늘리기, 페이지 좋아요 늘리기, 그룹 회원 늘려주기가 가능하다. 약육강식, 적자생존의 기존 마케팅과는 전혀 다른 모습이다.

한마디로 페이스북 마케팅은 협업 마케팅의 보고이다. 페이스북 마케팅을 연구하면서 마케팅 공동체라는 용어를 만들었다. 가족, 친구, 직원들을 통한 마케팅 협업 네트워크를 만들 수 있다.

페이스북에서 나오는 협업 마케팅의 강력한 에너지를 보고 마케팅 공동체를 만들고 싶었고 페마스쿨을 구상하게 되었다. 페마스쿨은 마케팅 공동체이다.

1) 협업 네트워크

페이스북에서 진행할 수 있는 협업은 크게 3가지로 나눌 수 있다.

1. 좋아요/댓글/공유 협업 네트워크

- 친한 친구 및 먼저 보기

- 페이지 알림 받기 및 먼저 보기

2. 페친들을 활용한 실전 협업

- 친구 추천

- 페이지 좋아요 초대

- 그룹 회원 초대

3. 고객을 통한 실전 협업

- 페이지 좋아요

- 페이지 체크인

- 페이지 리뷰

페이스북은 독특한 도달 확산 구조를 갖고 있다. 좋아요, 댓글, 공유를 통해 확산되는 구조이다. 타임라인의 포스팅은 1차로 페친과 좋아요 팬의 뉴스피드로 도달된다. 만약 아무도 좋아요, 댓글, 공유를 하지 않으면 그 포스팅은 뉴스피드에서 사라진다. 하지만 좋아요, 댓글 공유의 반응이 나오면 2차, 3차, 4차 도달로 기하급수적으로 확산된다. 바로 협업은 서로가 서로를 확산시키는 징검다리가 되어주는 것이다.

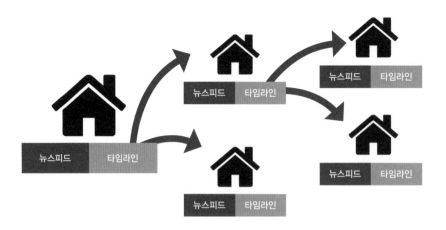

협업 네트워크는 페이스북 마케팅의 최고 기능이다. 페이스북 마케팅의 '협업 네트워크'의 연결고리는 '친한 친구'와 페이지의 '알림 받기'이다. 이는 단순히 SNS를 위한 관계를 만드는 연결고리이지만, 이를 통해 강력한 협업 네트워크를 구성할 수 있다.

(1) 친한 친구 네트워크

페이스북에는 친구에도 등급이 있다. 친한 친구, 친구, 아는 친구, 먼 친구로 4등급으로 분류한다.

- 4등급 '먼 친구'는 페친이지만 서로의 포스팅이 차단된다.
- 3등급 '아는 친구'는 서로의 포스팅이 가끔 뉴스피드에 나타난다.
- 2등급 '친구'는 뉴스피드 알고리즘 지수에 의해 뉴스피드에 나타난다. 상호 반응에 따른 친밀도 인게이지 지수로 작동된다.
- 1등급 '친한 친구'로 등록하면 폰에 푸쉬 알림이 오며 자동 알림 받기가

되며 친구의 소식을 놓치지 않게 된다. 바로 이 '친한 친구'가 협업 네트워크의 연결고리가 된다.

그리고 '먼저 보기' 설정을 하면 친구의 소식이 내 뉴스피드 상단에 나타난다.

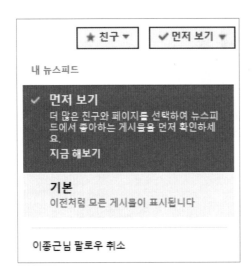

페마스쿨은 기수별로 협업을 위해 서로 친구를 맺고 친한 친구로 등록하고 먼저 보기를 설정한다.

페마스쿨은 친한 친구로 협업 네트워크 구성원이 되어 서로의 글에 좋아요와 댓글과 공유로 반응해준다.

(2)페이지 알림 받기

페이스북 페이지의 도달률이 하락하고 있거나 애써 포스팅을 하지만 도달률이 팬 수 대비 5% 이하가 되면 자괴감이 느껴진다. 이런 문제는 협업을 통해서 해결할 수 있다. 페마스쿨은 동기들끼리 페이지 '알림 받기'와 '먼저

보기' 설정을 통해 협업 네트워크를 구성한다. 이 알림 받기와 먼저 보기를
하면 알고리즘에 의한 도달률 하락의 문제를 해결할 수 있다. 페이지에 포
스팅이 올라오면 알림이 오고 내 뉴스피드 상단에 보이면 서로 좋아요, 댓
글, 공유하기를 통해 도달을 협업한다.

(3)협업 네트워크의 효과

페이스북 마케팅 협업을 하면 어떤 효과가 있을까?

첫째, 눈에 띄는 효과가 나온다.

페이스북 유저들은 뉴스피드를 보면서 좋아요 숫자에 눈길이 간다. 좋아
요가 적으면 무시하지만, 좋아요가 많으면 호기심이 발동해서 멈춘다. 페이
스북 마케팅의 첫 출발은 좋아요 숫자이다. 아무리 좋은 콘텐츠라도 좋아요
숫자가 없으면 사람들의 관심을 끌지 못한다. 페마스쿨 협업 네트워크를 통
한 좋아요 숫자의 획득은 마케팅을 위한 기초 작업이다.

둘째, 도달 확산의 효과이다.

페이스북에만 있는 특징 중의 하나는 페이스북의 좋아요, 댓글, 공유에 세팅된 도달 확산 시스템이다. 페이스북은 좋아요, 댓글, 공유를 통해 콘텐츠가 확산된다. 협업 네트워크는 기본적으로 도달 확산의 효과를 가져다준다.

셋째, 함께하는 마케팅을 통해 기쁨을 경험한다.

약육강식, 적자생존의 마케팅 밀림에서 마케팅 동지를 얻는다. 협업은 함께하는 마케팅 공동체의 즐거움을 선물한다.

2) 페친들을 활용한 실전 협업법

(1) 친구 늘리기

페이스북 마케팅의 첫걸음이 페친 만들기이다. 가장 어려운 것 또한 페친 만들기이다. 어느 정도 페친이 만들어져야 마케팅을 위한 기초가 마련된다.

페이스북에서 페친을 만드는 기능 중의 하나는 '친구 추천'이다. 서로 페친을 추천하면 쉽게 친구를 늘릴 수 있다. 이것을 시작으로 페이스북의 친구의 문이 열리면 여기저기서 친구 신청이 들어온다.

페마스쿨에서는 협업 네트워크로 서로의 페친들을 친구 추천해준다.

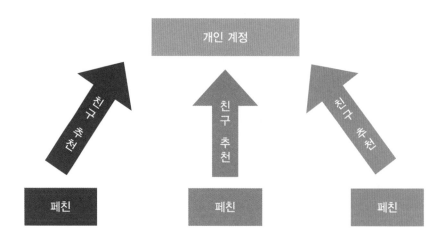

(2) 페이지 키우기

페이지를 막상 만들어놓고 보면 막연하다. 좋아요 팬이 덩그러니 나 혼자라고 해서 걱정하지 말고 페친들을 페이지 좋아요에 초대하라. 컴퓨터보다는 모바일에서 하는 것이 손쉽다. 페친과의 관계를 통해 신뢰 마케팅이 진행되기에 많은 수가 페친의 초대에 응답해준다.

또한 이 기능의 장점은 페이지 개설자 또는 관리자의 페친들만 초대할 수 있는 것이 아니라 좋아요 팬이 된 모든 사람이 자기의 페친들을 페이지 좋아요로 초대할 수 있다. 가족, 친구, 직원들의 협업 네트워크 구성원들이 각자의 페친들을 페이지로 초대한다면 기본적인 마케팅의 토대를 만들 수 있다.

이 협업 네트워크를 통해 마케팅의 효과가 많이 나온다.

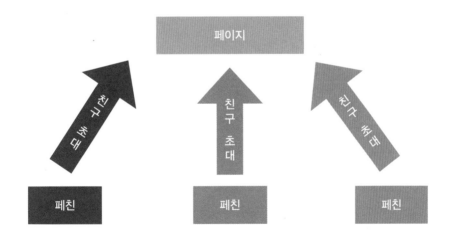

259

(3)그룹 회원 늘리기

페이스북에서 회원 수 늘리기가 가장 쉬운 방법이 그룹이다. 그룹 회원이 되는 방법은 2가지가 있다. 하나는 유저가 회원 가입을 신청하는 방법, 나머지 하나는 페친들을 회원으로 일방적으로 추가, 일명 '보쌈'하는 방법이다. 이 보쌈은 페친의 동의 없이 진행된다. 강제로 회원 가입당한 유저는 탈퇴의 자유만 있다.

바로 보쌈의 방법으로 페친들을 강제로 회원으로 편입시켜 그룹의 회원 수를 확보할 수 있다. 운영자의 페친만 회원을 보쌈할 수 있는 것이 아니라 회원 누구나 자신의 페친들을 그룹으로 보쌈할 수 있다.

협업 네트워크의 구성원들이 자신의 페친을 보쌈하면 몇 천 명의 그룹을 단기간에 만들 수 있다.

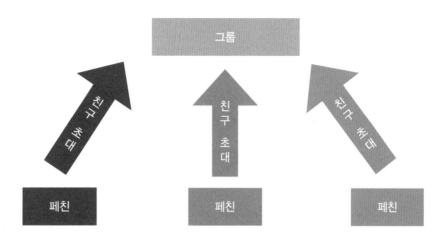

페마스쿨은 그룹 협업으로 '프리마켓'을 운영한다. 페마스쿨 회원들의 협업을 통해 2개월 만에 11만 명의 회원을 만들어 판매 홍보 1위 그룹이 되었다. 이것이 협업의 파워이다.

3) 고객을 통한 협업법

페이스북 마케팅의 장점은 고객을 활용한 마케팅이 가능하다는 것이다. 특히 매장 사업자의 경우 방문하는 고객을 활용한 마케팅을 하여야 한다. 비즈니스 또는 장소 카테고리로 만들어진 페이지에는 좋아요, 체크인, 리뷰 기능이 있다.

방문 고객을 통해 페이지 좋아요 팬 수를 확보할 수 있고, 방문 고객을 체크인하게 함으로써 매장의 지도가 노출되며, 리뷰 기능을 활용해 고객들의 반응을 담을 수 있다. 고객에 의한 진정한 바이럴 마케팅이 가능해진다. 매장 사업자의 경우 이 3가지만 활용해도 홍보가 쉬워진다.

방문 고객이 체크인을 하면 매장의 지도가 고객의 페친들에게 노출된다.

하나의 지도 마케팅이 이루어진다. 또한 페이스북은 체크인이 많은 페이지를 검색과 지도 노출에서 우선 노출해준다.

고객을 통한 좋아요, 체크인, 리뷰는 이벤트와 함께 진행하는 것이 좋다.

페마스쿨 1기 지오헤어의 경우 고객을 활용한 좋아요, 체크인, 리뷰를 활용한 대표적인 사례이다. 고객의 리뷰 중 베스트 리뷰를 선정하는 이벤트를 진행한다. 지오헤어 페이지의 리뷰는 헤어숍을 선택하려는 고객들의 마음에 확신을 심어주는 최고의 마케팅 파워를 갖고 있다.

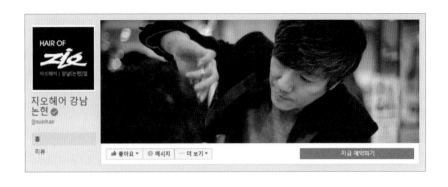

4)협업 특공대

페마스쿨은 소상공인 마케팅의 문제를 '페이스북'과 '협업'을 통해 해결한다. 첫째, 페이스북에서 활동을 많이 하는 유저를 활용해서, 둘째, 서로 네트워크로 연결한 협업을 통해 소상공인 마케팅의 약점을 극복하는 것이다.

페마스쿨에는 강력한 협업 조직인 일명 협업 특공대가 있다. 협업 특공대는 블로그, 카페, 지식인, 페이스북, 인스타그램, 카카오스토리 등에 각자 올린 마케팅 포스팅에 대하여 서로 반응을 해준다. 이 반응을 통하여 서로의 마케팅에 파워를 함께 올리는 것이다.

협업 특공대를 통한 마케팅 사례

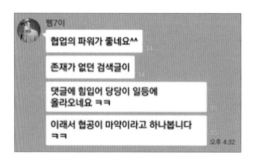

협업을 통한 블로그 상위 노출

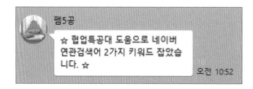

협업을 통한 연관 검색어

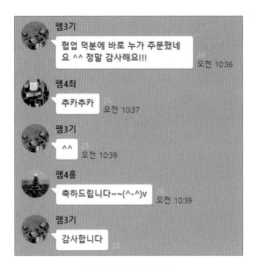

협업을 통한 상품 주문

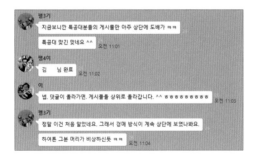

협업을 통한 페이스북 그룹 상위 노출

페마스쿨 사례 모음

f

◆ 아쿠아낙스 이순만 대표 _페마스쿨 1기

　제품 출시 후 블로그 마케팅으로 제품의 안전성과 편리한 사용법을 홍보하며 사업을 했다. 자신이 노력한 만큼 제품 홍보가 가능한 SNS 마케팅은 중소기업에게 큰 도움이 되는 홍보 판매 채널이다. 초기에는 블로그만 열심히 해도 제품 홍보와 판매에 도움이 되었다. 하지만 페이스북이 활성화되기 시작하면서 젊은 층의 페이스북 사용이 늘었고, 반대로 블로그의 효과는 점점 빛을 잃어갔다.

　마침 새로운 SNS 마케팅이 필요하던 차에 차세대 마케팅인 페이스북 마케팅과 함께 그동안 정성들여 만들어온 블로그를 함께 연결할 '블페법'을 알려주는 페마스쿨 강의는 정말 획기적이었다.

　강의를 듣고 페이스북 계정을 만들어 페이스북 페이지에 제품 홍보 페이지를 개설하였다. 페이스북에 좋은 이미지를 만들어 블로그로 연결해서 블로그도 살렸으며, 정확한 타깃 설정이 가능한 페이스북 광고로 놀라운 효과를 만들어냈다.

페이스북 페이지 운영과 블로그 연결, 그리고 페이스북 광고를 함께 진행해보니 페이스북 활동 전보다 200% 이상의 매출이 향상되었다. 또한 페이스북을 진행하는 다른 커뮤니티와의 연결은 더욱 큰 힘을 발휘하고 있다. 페이스북 마케팅은 발전 가능성이 무궁무진하다.

◆ 보이스타 박두나 대표 _페마스쿨 1기

현재 1인 기업을 하고 있다. 사업 초기에 혼자서 생산·판매·재고·고객 관리에다 마케팅까지 직접 하는 데 한계가 있었다. 오프라인 도매 유통을 주로 하는데 시시각각 변하는 국내 경제 상황에 따라 매출의 변화가 너무 많았다. 그래서 자체적으로 마케팅을 할 수 없어서 오프라인 유통업체에게 모든 것을 맡겼다.

그러다 보니 내가 아닌 다른 사람에 의해 내 사업이 좌지우지되는 상황이 왔고, 이것은 맞지 않다고 생각해서 온라인 판매를 직접 하기로 했다. 그러면서 온라인 마케팅이라는 것도 알게 되었고, 많은 오프라인 강의를 쫓아 다니면서 하나씩 배워 나갔다.

하지만 기존의 네이버 상위 노출 위주의 마케팅 교육과 방법으로는 한계가 있었다. SNS와 결합한 타깃 마케팅이 필요하다는 것을 알았고, 바로 페마스쿨에 입학했다.

페마스쿨 마케팅은 서로 협업해서 노출의 기회를 더 늘리고, 페이스북의 특징인 바이럴을 가능하게 해주었다. 내 사업의 경우는 명확한 타깃층(20대 후반~50대 후반 전국구 여성)을 가지고 있어 이들에게만 집중적으로 마케팅을 하는 것이 필요했는데, 페이스북이 여기에 적합했다.

페이스북 타깃 마케팅을 시작한 후로 매출이 20% 늘었고, 그들에게 리타깃팅을 하는 방향으로 마케팅을 지속적으로 유지해 나갔다.

내가 거래하는 품목은 기존 오프라인 유통으로도 판매하지만, 온라인으로 직접 고객들에게 판매를 하니까 마진이 높아졌다. 또한 고객들과 소통하면서 부족한 점과 마케팅 방법에 대한 힌트까지 얻을 수 있어서 일석이조의 효과를 누리고 있다.

페이스북에서 친구 수와 좋아요 수가 올라가기 시작하니까 내 매장에도 변화가 오기 시작했다. 페마스쿨에서 배운 대로 페이스북으로 광고를 하고 개인 계정으로 매장 홍보도 하였는데 그 변화는 색다르게 다가왔다.

내가 '낙지대학떡볶이꽈'라는 떡볶이집을 한다는 사실을 거의 모든 페친들이 인식하기 시작했고 매장을 방문하고 싶어 했다. 불쑥 매장으로 찾아와 메시지를 남겨주고, 친구들을 데리고 오고, 이리저리 소개해주면서 자연스럽게 홍보가 되었다.

솔직히 놀랐다. 반신반의하던 마음의 의구심은 풀어졌다. 왜? 매장은 숫자로 바로 나타나니까! 여름에 떡볶이는 비수기라는 말이 무색하게 우리 매장은 매출이 상승하기 시작했고, 웨이팅 숫자도 점점 늘면서 비수기인 여름을 '걱정 없이' 극복해냈다.

◆ 광주 베리베베 정훈조 대표 _페마스쿨 4기

그동안 매출을 위해서 온갖 마케팅 방법을 다 써보았다. 체인도 해보고 마케팅 회사에 의뢰하여 블로그와 카페를 운영했고, 사진의 질을 높이고, 서비스도 강화하고, 직원 수도 늘리는 등 여러 가지 방법을 동원했으나 매출은 제자리걸음이었다. 마냥 애를 태우고 있을 즈음 페이스북을 알게 되었고 어설프게 광고도 해봤다. 페이스북 마케팅 효과가 약간씩 보이기 시작할 때 페마스쿨을 만났고 4기로 입학했다.

페마스쿨에서 모르고 있던 SNS 마케팅의 부분들을 알았고 체계적이고 과학적인 방법을 하나둘 적용하며 익혀갔다. 무엇보다 4기 전체가 동기 의식을 갖고 서로에게 도움을 주는 협업 체계를 이룬 것이 큰 힘이 되었다. 혼자가 아닌 40여 명의 동료, 동반자, 스승이 생긴 것이다.

페마스쿨을 마치고 나서 우리 회사는 70%가 페이스북을 통한 타깃팅 광고를 하고 있는데, 전보다 매출이 50% 신장되었다. 앞으로도 페이스북 광고를 통하여 블로그와 다른 SNS를 연계하여 마케팅을 강화할 생각이며 잠재적인 매출도 상향 조정하여 설정하였다. 이 또한 빠른 시일 내에 이뤄질 것이라고 믿고 있다.

나는 주위에 자영업하는 분들에게 페이스북 마케팅을 권하고 있다. 그런데 어렵게만 느끼고 선뜻 받아들이는 분들이 적다. 하지만 페이스북의 깊은 맛을 보면 진짜 꿀맛을 볼 수 있을 거라 자신한다.

◆ 부산 초콜릿 스튜디오 이규열 대표 _페마스쿨 4기

부산에서 이미지 사진과 가족사진을 촬영하는 스튜디오를 운영하고 있다. 처음 시작할 때 블로그를 2개 운영하면서 별 어려움 없이 잘 해왔는데 갑자기 운영하던 블로그가 상위 노출이 안 되면서 일이 꼬이기 시작했다. 매출이 반 토막으로 줄어들어 대처할 방법을 찾다가 페이스북을 알게 되었다. 이전에 개인적으로 몇 번하다가 나랑 안 맞는 것 같아서 방치하였는데 지푸라기라도 잡는 심정으로 자세히 알아보았다.

페마스쿨을 통해 카페나 블로그에서 자료를 보면서 페이스북의 무궁한 발전 가능성에 확신이 들었다. 매주 부산에서 서울로의 교육이 전혀 힘들다는 생각 없이 즐거운 마음으로 다녔다. 특히 협업이라는 것을 통해 교육생들과 소통을 하고 서로의 사업에 도움을 주는 제도는 신의 한 수라고 감히 말하고 싶다.

교육을 받을수록 페이스북의 어마어마한 위력에 감탄하게 된다. 페마스쿨에서 배운 대로 따라가다 보니 이제 홍보도 제법 제자리를 찾아가고 있다. 비용 면에서도 네이버의 단순한 클릭 광고보다 훨씬 저렴하면서 내가 원하는 타깃에 정확하고 광범위하게 홍보할 수 있는 시스템 덕분에 아주 효율적으로 광고를 하고 있다.

특히 요즘 유행하는 다양한 SNS 매체와 연동해서 함께 홍보할 수 있다는 것이 대단한 매력이 아닐 수 없다. 블로그 따로, 인스타그램 따로, 페이스북 따로가 아니라 다 함께 연동해서 비용도 절약하고 원하는 타깃에 정확히 홍보할 수 있는 방법을 배워서 너무나 감사하다.

페이스북은
에너지가 넘치는 '광산'이다

페이스북은 내 인생을 바꾸어주었다. 페이스북을 만난 것은 일생일대의 행운이다. 나는 페이스북을 광산이라 말한다. 에너지 넘치는 광산 말이다. 이 페이스북 광산에는 수많은 보물이 있다. 페이스북을 만나면 사업의 보물들을 얻을 수 있다.

이 보물들을 다듬고 가공하여 만든 것이 페마스쿨이다. 페마스쿨에서는 오늘도 소상공인들을 위한 최적화 마케팅 방법을 연구하고 실험하고 있다. 페마스쿨을 통해서 이미 성공 사례가 많이 나왔지만, 더 많은 소상공인이 성공 사례의 주인공이 되기를 바란다. 모쪼록 이 책이 어려운 사업 현장에서 소상공인들에게 많은 도움이 되었으면 한다.

부자의 인맥

대부호들과 인맥을 쌓고 신뢰를 얻는 비결 공개

500억 대부호 집사가 알려주는 부자 인맥 만들기 실용 팁 50!

세계 갑부를 당신의 편으로 만들어라!

인맥의 본질을 파악하고 올바르게 행동할 수 있는 사람만이 사회생활과 사업에서 모두 성공할 수 있다. 대부호는 인맥이 가장 중요하다는 것을 아는 사람이다. 이 책에는 2008년부터 보유 자산 500억 원 이상, 연봉 50억 원 이상의 대부호를 모시는 집사로서 일하고 있는 저자가 그동안 그들을 지켜보며 파악한, 부자들의 인맥 맺는 방법을 소개하였다. 저자 자신이 집사로서 세계 대부호들과 인맥을 쌓고 신뢰를 얻은 비결을 공개하고, 자신이 보고 들은 대부호들의 다양한 일화와 함께 인맥 쌓기의 실천 사례를 담았다. 이 책을 통해 대부호들은 어떻게 '최고의 인맥'을 쌓는지, 어떻게 인맥이 인생의 질을 향상시키게 되는지를 배우게 될 것이다.

아라이 나오유키 지음 | 장인주 옮김 | 236쪽 | 값 13,000원